BIBLIOTHECA

SCRIPTORVM GRAECORVM ET ROMANORVM

TEVBNERIANA

M. TVLLI CICERONIS

SCRIPTA QVAE MANSERVNT OMNIA

FASC. 7

ORATIO PRO P. QVINCTIO

EDIDIT

MICHAEL D. REEVE

STVTGARDIAE ET LIPSIAE
IN AEDIBVS B.G.TEVBNERI MCMXCII

Die Deutsche Bibliothek - CIP-Einheitsaufnahme

Cicero, Marcus Tullius:
[Scripta quae manserunt omnia]
M. Tulli Ciceronis scripta quae manserunt omnia. -
[Ausg. Stutgardiae, Lipsiae]. - Stutgardiae ; Lipsiae : Teubner.
(Bibliotheca scriptorum Graecorum et Romanorum Teubneriana)
NE: Cicero, Marcus Tullius: [Sammlung]

[Ausg. Stutgardiae, Lipsiae]
Fasc. 7. Oratio pro P. Quinctio / ed. Michael D. Reeve. - 1992
ISBN 3-8154-1175-0 kart.
ISBN 3-8154-1179-3 Gewebe
NE: Reeve, Michael D. [Hrsg.]

Printed in Germany
Satz und Druck: INTERDRUCK Leipzig GmbH
Buchbinderei: Gutenberg Buchbinderei und Verlag GmbH, Leipzig

PRAEFATIO

Ciceronem magnum oratorem ne ipsius quidem iudicio defensus P. Quinctius fecit; nam ab anno aetatis uigesimo sexto, quo habitam esse orationem non minus narratio quam Gellius Asconio fretus ostendit, usque ad sexagesimum quartum, quo interfectus est, nusquam in tot scriptis priuatam hanc causam recordatur. Post Quintilianum Tacitum Gellium orationem citant Augustinus, Seruius Danielis qui uocatur, grammaticae scriptores Charisius Arusianus Macrobius, rhetoricae Victorinus Aquila Rufinianus Seuerianus Fortunatianus Grillius Martianus; citauerat fortasse Statilius Maximus; praeterit Priscianus, casu an quia non norat incertum.

Norat procul dubio qui quinto ut uidetur saeculo decem aut amplius orationes uno codice amplexus est, ea scriptura exarato quam capitalem rusticam nuncupant, binis columnis, linearum 21 utraque; quem saeculo septimo monachi pessumdederunt excisis duplicatis rescriptis singulis foliis. Quis scit quot nouis codicibus suffecerit uis tanta membranae? Vnum dumtaxat anno 1820 **Taurini** detexit Amedeus Peyron, in quo ex Cicerone natus Augustinus 53 folia seruauerat; quem codicem in catalogo Bobiensi anni 1461 sub numero 19 censeri idem Peyron notauit. Euanuerat pristinus textus, sed adhibitis medicamentis apparuit tria folia ad Quinctianam pertinere (ea autem erant quae Augustini folia efficiebant 10 et 13, 11 et 12, 80 et 83), cetera ad orationes quas pro Caecina, pro Tullio, pro lege Manilia, pro Cluentio, pro Caelio, in Pisonem, pro Scauro, in Clodium, pro Milone, pronuntiauit; quae quo ordine se in pristino codice exceperint prorsus ignotum est, nisi quod fasciculus IX in media exibat Scauriana, XIII et XIIII in media Tulliana[1]. Taurinum iam saeculo xvii delatus codex numerum in Bibliotheca Athenaei acceperat D IV 22, nouus impositus est **a II 2*** soluta compage segregatisque orationis cuiusque fragmentis; **P** eum uel T appellant editores. Sic tandem ex Augustino Cicero licet non totus renatus anno 1904 cum aliis multis eiusdem bibliothecae codicibus incendio periit. Quinctianae fragmenta cum bonas aliquot lectiones tum errores non paucos habebant quibus codices recentiores carent[2].

Saeculo deinde decimo is qui Quintiliani codicem Bambergensem Class. 45 (M IV 14) aliunde correxit locum ex Quinctianae capitulo 4 sic mutatum reliquit:

> 11.1.19 i quo qḍ̄ *ingenio minus possum subsidium mihi diligentiā cōparạui.*

Pristinus textus a Bernensi 351 codice Gallico pendet, corrector codicem Italicum Ambrosianum E 153 sup. tunc temporis integrum aut eius affinem Italus ipse ante oculos habebat. Recte Bernensis et *quod* et *diligentia,* sed mendosas lectiones *quo* et *diligentiam* etiam Ciceronis co-

1 De orationum Tullianarum corporibus antiquis erudite nuper disseruit F. Lo Monaco, 'Lineamenti per una storia delle raccolte antiche di orazioni ciceroniane', *Aeuum Antiquum* 3 (1990) 169–85, qui tamen ut ipse mihi nunc in litteris fatetur de Taurinensi uehementer errat (pp. 181–2).

2 De codice P uide inuentoris librum *M. Tulli Ciceronis orationum pro Scauro pro Tullio et in Clodium fragmenta inedita* (Stuttgardiae et Tubingae 1824), ubi pp. 214–16 lectiones ex Quinctiana exhibentur. Notandum est in multis exemplaribus deesse ad calcem duo illa folia quae correctiones anno 1825 Taurini datas continent; sed nihil illic de Quinctiana. Plura de P scripsi in *Aeuum* 66 (1992) 87–94.

dices tradunt; unde suspicari licet alicui Quintiliani lectori Italico corruptum iam Ciceronis exemplar praesto fuisse. Vterque autem leuis est error et qui potuerit saepius nasci; neque alius quisquam quod sciam inter saeculum vii et xiv Quinctianam se uidisse aut testatur aut prodit.

Vt enim paene integram legere possimus recentissimi demum codices praestant, omnes inter Petrarcae fere et Politiani mortem exarati; mortuus est autem ille anno 1374, hic anno 1494. Continent hi codices praeter Quinctianam alias alii orationes, sed ante editionem Oxoniensem anni 1909 nemo eam sic edendam susceperat ut quaereret utrum suo an communi quodam itinere ad nostram peruenisset aetatem. Duae tamen sunt quae eam tam saepe comitantur ut appareat harum trium fata quodam modo fuisse coniuncta, eae scilicet quas pro A. Cluentio et pro L. Valerio Flacco pronuntiauit. Percommode igitur accidit quod nuper mulier doctissima Siluia Rizzo codices qui Cluentianam praebent descripsit omnes necessitudinesque eorum quatenus editorum interest explicauit[3]; nam non minus 133 ex eis etiam Quinctianam et Valerianam continent, 8 saltem Quinctianam. His 141 Quinctianae codicibus adicere possum

3 Vide *La tradizione manoscritta della* Pro Cluentio *di Cicerone* (Genuae 1979); *Catalogo dei codici della* Pro Cluentio *ciceroniana* (Genuae 1983), de quo iudicium meum habes in *Class. Rev.* 98 (1984) 40–43. Qui plura de codicibus nostris scire cupiet catalogum hunc euoluat Rizzianum; nam praeter ipsius Rizzo accuratissimas descriptiones etiam Albiniae de la Mare, mulieris scripturarum Italicarum peritissimae, de multorum aetate et origine sententiam inueniet. Ipsa Cluentianae nunc est in manibus editio, circa Parilia anni 1991 in lucem emissa sumptibus Arnoldi Mondadori.

24, ex quibus 9 Cluentianam et Valerianam continent (hodiernis hic utor nominibus ciuitatum):

Casale Monferrato II c 5
Deventer 101 G 11
Genève Bibl. Publ. et Univ. Com. Lat. 73
Liverpool Athenaeum Thompson 1
codex Londinii a Nic. Israel uenundatus[4]
Napoli Naz. IV B 11 bis
Oldenburg Cim. I 11
codex olim Sozomeni 31[5]
Venezia Marc. Lat. XI 122

9 Valerianam:

Firenze Laur. 48.18
Oxford Bodl. Rawl. G 138
Seitenstetten 35
Siena Com. H XI 64
Vat. Ottob. Lat. 1710
Vat. Ottob. Lat. 1991
Vat. Pal. Lat. 1490
Vat. Lat. 2903
Vat. Lat. 10661

6 neutram:

Firenze Naz. Magl. VI 198
Kraków BJ 517
Milano Ambros. A 141 sup.
Milano Ambros. O 79 sup.
Milano Ambros. Q 17 sup.
Paris Nouv. Acq. Lat. 3032.

Cluentiana tamen ubi et quomodo reperta sit iam diu notum est; nam extat adhuc recentiorum fons omnium, Laurentianus plut. 51.10, saeculo xi scriptura Beneuentana exaratus, quem Casino anno 1355 protraxisse Boccacium statimque orationem sua manu transcriptam Petrarcae dono misisse demonstrauerunt R. Sabbadini, A. C.

4 Huius notitiam ut alia multa Albiniae de la Mare debeo.

5 Veniit is codex Londinii die 25 Iunii anni 1986; uide eius diei catalogum *Christie's London: Valuable printed books, medieval and illuminated manuscripts* 110 num. 215.

Clark, Ios. Billanovich[6]. Eum codicem M nuncupant editores. Progeniem eius in duas familias discedere comperit Rizzo, *α* et *β*, illam in circumpadana praesertim Italiae regione uersatam, hanc Florentiae; utramque proprios quosdam errores exhibere male intellecta *t* aut *i* litterae forma qualis in M ceterisque codicibus Beneuentanis inuenitur; bis igitur ex M orationem esse transcriptam, et uetustius quidem apographon, familiae *α* fontem, ex multis indiciis apparere codicem illum fuisse quem a Boccacio accepit Petrarca, alterum autem Florentiae paulo ante annum 1416 aut confectum esse aut innotuisse.

Haec Rizzo de Cluentiana; quae magna ex parte etiam ad Quinctianam et Valerianam pertinere cognoui. Codicis sane M locum qui obtineat nullus extat, sed hic quoque ad duo illa apographa deperdita quae familias *α* et *β* genuerunt per eosdem fere accedimus codices, neque aliter quam in Cluentiana errores utraque exhibet qui scripturae Beneuentanae imputandi uidentur (praecedit uera lectio, sequitur error):

Quinct.	5	*pendetur α: -eatur β*	60	*tum α: aut β*
	5	*tua α: aut β*	70	*aude β: tu de α*
	17	*agebatur β: cog- α*	72	*autem α: tum β*
	31	*euenit α: -iat β*	81	*tegere β: agere α*
	34	*tum α: ante β*	84	*auferre α: tu ferre β*
	38	*amittere β: committere α*	88	*-dicat β: -dicta α*
			88	*tum α: aut β*

6 Sabbadini, *Le scoperte dei codici latini e greci ne' secoli XIV e XV* I (Florentiae 1905) 30–31, quem fugit ut opinor cum Varronis de lingua Latina libro etiam Cluentianam et librum ad Herennium in Laurentiano inueniri (pro 50.10 lege 51.10); Clark, *The library* IV 2 (1922) 20–21; Billanovich, *Studi e Testi* 124 (1946) 102–5. De Laurentiano uide etiam ea quae scripsit Rizzo in *Codici latini del Petrarca nelle biblioteche fiorentine,* ed. M. Feo (Florentiae 1991), 14–16 sub numero 3.

	47	*iactentur β*: *locentur α*	90	*eiectos β*: *electos α*
	47	*autem α*: *tum β*	93	*comparat β*: *-portat α*
	55	*autem α*: *tum β*	94	*ea α*: *et β*
	56	*si uult α*: *simulat β*		
	57	*fert α*: *ferat β*		
Flacc.	5	*tum α*: *aut β*	63	*iam α*: *inter β*
	7	*auarum β*: *tuarum α*	67	*autem α*: *tamen β*
	12	*autem β*: *tum α*	68	*laodicee β*: *locodicee α*
	23	*autem α*: *tum β*	84	*coemptione α*: *ac emptione β*
	37	*autem α*: *tum β*	90	*aram β*: *terram α*
	58	*uobis autem β*: *uobiscum α*	92	*tu β*: *aut α*
	61	*anteponant β*: *com- α*	101	*tr. α*: *a re β*.

Vt a familia *α* incipiam, obseruauit iam Billanovich multos codices eam orationum praebere seriem quam inter annos 1391 et 1402, cum apud ducem Mediolanensem secretarii partibus fungeretur, commento instruxit Antonius Luscus orator Vicentinus[7]. Eae sunt undecim numero: pro lege Manilia, pro Milone, pro Plancio, pro Sulla, pro Archia, tres Caesarianae, pro Cluentio, pro Quinctio, pro Flacco. Has omnes excepta Quinctiana in Petrarcae manibus fuisse constat; nam priores quattuor habuit a Lapo de Castelliunculo, quintam ipse Leodii repperit, Caesarianas in codice nunc Trecensi (id est eius ciuitatis quae uulgo Troyes uocatur) Bibl. Mun. 552 possidebat, Cluentianam ut dixi a Boccacio habuit, iudicium de Valeriana ad tertiae Catilinariae locum protulit. Ne Quinctianam quidem illi ignotam fuisse argumento sunt annotationes in nonnullis familiae *α* codicibus traditae quas per totam hanc orationum seriem ex eodem ingenio profectas esse manifestum est[8]. Credo equidem agmen

7 *Op. cit.* (n. 6) 101–2.

8 Sic Rizzo, 'Apparati ciceroniani e congetture del Petrarca', *R.I.F.C.* 103 (1975) 5–15; *Tradizione* 34–43, 125–31.

clausisse fragmenta orationum quas ab exilio redux habuit; nam undecim illis saepe annectitur initium eius qua Quiritibus, deinde eius qua senatui gratias egit (§§ 1–23 *graue est uerum etiam,* §§ 1–7 *causa recesserunt*), quarum utraque ex codice Trecensi sic dimidiata fluxit. Hanc igitur seriem, siue undecim siue tredecim orationum fuit, ueri simile est Petrarcam in unum codicem sua manu uel iussu suo scriptum redegisse.

Eius codicis propago non modo circumpadanam Italiae regionem occupauit uerum etiam in Gallia, cum sub annum 1400 Mediolano illuc migrasset[9], subolem satis amplam reliquit. Inde factum est ut A. C. Clark, uir de Ciceronis orationibus alioquin optime meritus, in Gallia Quinctianam et Valerianam repertas autumaret, praesertim cum Gallicum testem Parisinum Lat. 14749, quem Σ uocauit, nouas orationes nouasque in ueteribus lectiones ex Gallicis fontibus hausisse uidisset; sed rem longe aliter se habere conuincunt cum ea quae de Petrarca disseruit Billanovich, tum ea quae de archetypi scriptura hic addidi.

Quod tamen Parisino prae ceteris in editione Oxoniensi paranda nixus est Clarkius, id ei non improspere cessit; nam ubi codicem Petrarcae codex hic deserit, saepe textum habet non deteriorem sed emendatiorem. Id quomodo acciderit nondum satis intelligo; sed antequam hunc nodum soluere aggrediar, de ipso Petrarcae codice fusius disserendum est.

Seriem illam orationum quotquot codices praebent, nonnullis hi locis, etiamsi non uniuersi, at magna ex

9 Sequor hic ea quae disputat E. Ornato, 'La redécouverte des discours de Cicéron en Italie et en France à la fin du XIVe et au début du XVe siècle', *Acta Conuentus Neo-Latini Bononiensis* (Medieval and Renaissance Texts and Studies 37, Binghamton 1985), 564–76.

parte et quo uetustior quisque eo constantius peccant. Haec igitur in Quinctiana omisit codex Petrarcae:

1 *in* ante *dicendo*	69 *summe*
9 *in* ante *eiusmodi*	71 *est* post *controuersia*
10 *obsecrat ... atque*	73 *et complures fuerunt*
33 *is ... diceret*	76 *te* ante *ipsum*
43 *igitur*	91 *per se*
53 *aut ... Aquilium*	92 *nos ... decerneret*
55 *summa*	98 *suis* ante *paternis*
63 *a* ante *tribunis*	99 *de* ante *cuius.*

Hos errores habuit transpositis inter se uocibus natos:

23 *uelit secum* 49 *suis quidem* 95 *uox cuius.*

Atque Italicorum quidem huius familiae codicum ratio simplex uidetur; nam ceteri omnes quos inspexi ex duobus superstitibus originem ducunt, **Vaticano Lat. 9305** et **Parisino Lat. 7778**, utroque iam ante annum 1400 circa Padum scripto, quos **E** et **F** nuncupabo. Immo unus ex his alterius quoque aliquatenus fons est. Cum enim tam in Quinctiana quam in Valeriana frustra in Vaticano errores quaesiuerim quibus pristinus Parisini F textus careret, hunc ex illo descriptum puto. Scio ab eo qui unum ex altero descriptum codicem affirmet plus requiri solere: qui ex altero descriptus putetur, eiusmodi illum errores habere oportere in quos librarium non alia quam eius ex quo descriptus putetur facies inductura fuerit[10]. Vaticanus autem, uno tenore scriptus, apicibus plerumque perspicuis, locis correctus paucissimis, uni tantum uidetur huiusmodi errorum generi locum daturus fuisse, ut omitterentur singuli uersus dum librarius oculum a fine eius quem modo absoluerat ad initium proximi transfert. Id Parisini librario in Quinctiana nusquam accidit, sed in

10 De his rebus uide disceptationem meam *'Eliminatio codicum descriptorum*: a methodological problem' in *Editing Greek and Latin texts,* ed. J. N. Grant (New York 1989), 1–35.

Valerianae capitulo 30 uerba omisit *Pompei primum ... gerendum,* quae cur omitteret non erat nisi quod in Vaticano uersum integrum faciunt. Eo igitur confidentius affirmare possum ex Vaticano pendere Parisinum; nec quicquam reperio impedimenti quominus ex ipso descriptus putetur. Itaque non iniuria Vaticanum ceteris huius familiae codicibus praestare Rizzo existimauit, et statim explicatur quod obseruauit illa, annotationes quae Petrarcae uidentur ab alio nullo plenius atque accuratius tradi[11]. Pristinum tamen Parisini textum correxit manus non multo recentior, quae utinam possit agnosci! nam ipsum nisi fallor Petrarcae codicem excussit. Certe non modo uerba hic illic a librario omissa restituit, uelut in Quinctianae capitulo 30 *decernit ... ex edicto,* uerum etiam errores nonnullos quos a Vaticano acceperat sustulit, inter quos hic maxime commemorandus uidetur:

40 *bienni omnia confecto fere appellas*

bienni omnia EF^1: *biennio iam* F^2

A uera lectione *biennio iā* facilis erat ad *bienni oīa* transitus, a *bienni omnia* difficilior ut opinor illa aetate sine adiumento codicis reditus; quamquam fatendum est inter ea quae corrector noster aspersit coniecturae multa deberi. Accedit quod in Cluentiana annotationes aliquot quas Petrarcae uindicat Rizzo, licet in Vaticano desiderentur, corrector noster recepit[12]; qua de re cum ad con-

11 'Apparati' 7; *Tradizione* 127.

12 Ex eis quas refert Rizzo, *Tradizione* 128–31, uide prae ceteris annotationem ad capitulum 125 *magna aceruatio scelerum Oppianici.* Ecquid huiusmodi quod in Vaticano desideretur seruarint codices Gallici longioris est disquisitionis. De re difficillima haec interim moneo: inter F et F^2 distinguendum fuisse, F^2 et G nostrum plura habere quam quae refert illa, etiam Marcianum nostrum C adhiberi oportere.

iecturas uenero plura dicam. Ex Parisino nondum correcto fluxit in Valeriana Guelferbytanus Gudianus Lat. 68 medio saeculo xv Veronae fortasse aut Pataui scriptus[13], post correctionem reliqua quam uidi codicis Petrarcae in Italia propago. Idem abhinc annos octo de oratione qua senatui gratias agit suspicatus sum; nam cum uidissem pristinum Parisini textum ex codice olim Petrarcae, nunc Trecensi 552, esse deductum, supplementa uero et lectionis uarietatem ex Bibliothecae Britannicae codice Harleiano 4927, ita tamen ut proprii quidam manus primae errores intacti manerent, actum iam uidebatur de omnibus qui eosdem errores, eandem haberent mixturam lectionum. In Quinctiana Parisini stirpem produnt hi errores a correctore neglecti:

3 *temporis quod certe*
12 *nisi [ut] in tua*
14 *iam quam plures*
18 *ne[c] mirum*
18 *numeratu[ru]m*
25 *quod nisi ex*
25 *bona praescribi*
26 *fama atque fortunis*
28 *atque deiectus*
28 *poteri[ti]s cognoscere*
34 *uerba multa*
42 *defatigat⟨ur⟩*
46 *nata haec sunt*
46 *atque ab eo*
62 *qui [te] solebat*
62 *aliquem eiectum*
63 *fateor enim*
63 *causa statutus est*
69 *erat ⟨enim⟩ inquit*
71 *cum pio contendere*
72 *atque potentissimi*
78 *erga proximum suum*
79 *minime in⟨i⟩quam*
81 *utrumlibet elige⟨re⟩*
83 *tuum satis daret*
85 *ius non*
89 *dominum a praedio*
89 *et edicto*

13 Hic codex in oratione qua senatui gratias agit inter illos est qui toti aut paene toti ex Harleiano 4927 pendent, quorum in Italia numerus est perexiguus; nam praeter hunc non amplius quattuor noui, Bibliothecae Britannicae Additicium 19586, Patauinum Bibliothecae Seminarii 35, Monacensem Lat. 6720 anno 1450 Pataui scriptum, Venetum Marcianum Lat. XI 38 scriptum Veronae.

50 *de quo hominis*
51 *atque necessitate*
53 *ne ipse [qu]idem te*
56 *atque dediscat*
89 *seruos quam plures*
91 *causa peror[a]ta*
93 *oportet* pro *comportat* (E).

Accedit unus ab ipso correctore commissus dum uerba a librario omissa restituit:

30 *sponsionem [cum] Sex Naeuio.*

Huc pertinet Clarkii codex b, Florentinus Bibl. Nat. Conuent. Suppress. I IV 4 (olim Diui Marci 255), sexti fere saeculi xv decennii, qui eo tantum a uulgaribus huius familiae testibus differt quod non circa Padum sed Florentiae scriptus est[14].

Parisini F erroribus caret, suos habet Gallica codicis Petrarcae propago, quae ex codicibus tredecim constat:

Bern 254
Carpentras 358
Montpellier École de Méd. 359
Paris B. N. Lat. 6369 7777 7780 7784 7824 7828 14749 16226 16228
Wolfenbüttel Helmst. 304.

Exeunte saeculo xiv scriptus uidetur **Parisinus 16226**, quem G uocabo; ineunte saeculo xv Bernensis Carpentoractensis Parisini 7780 7784 14749 16228. Σ illum Clarkii, Parisinum dico 14749, Nicolao de Clemangiis totum tribuit Gilbertus Ouy, qui circa annos 1412–13 scriptam eam partem putat quae Quinctianam et Valerianam continet[15]. Commune omnium in Planciana additamen-

14 Initium Quinctianae depictum est apud G. Bellardi, *Le orazioni di M. Tullio Cicerone* I (Taurini 1978) post p. 128.

15 'Nicolas de Clamanges (ca. 1360–1437) philologue et calligraphe', apud *Renaissance- und Humanistenhandschriften,* ed. J. Autenrieth et U. Eigler (Monaci 1988), 31–50.

tum iam detexit Ornato[16], et hos habent errores in Quinctiana:

5 *loco* uel *loquor* pro *dico*
22 *quicquam perfectum*
39 *eum tamen pudenter*
46 *qui pro tempore*
76 *contra [te] est*
79 *quoad pot[u]erit*
80 *putaris omnia*
85 *[latitarit ... eum qui]*
86 *solum uertisse⟨t⟩*
88 *necesse est aut.*

Hucusque plana omnia atque perspicua; sed Parisinus G a ceteris Gallicis mirum in modum discrepat. Ille enim non Petrarcae codicem reddit sed Vaticani E textum innumeris insuper mendis inquinatum, hi et praecipue Σ astipulantibus Bernensi et Parisino 6369 ipsum etiam Vaticanum non raro antecellunt. Hic est nodus ille de quo supra locutus sum; ad quem soluendum parum proderit si concesserimus Parisinum G non ipsum illum codicem esse qui primus Quinctianam et Valerianam siue in Galliam aduexit siue in codice Italico aduectas recepit. Nam potest inter Vaticanum et Parisinum G intercessisse codex Parisino melior, Vaticano melior et codici Petrarcae propinquior non potest. Aut igitur contaminationi aut coniecturae debentur hae cum aliis lectiones:

8 *... uulneribus mederi ...*

mederi ΣF^{2}: *demeri* $EF^{1}G$

40 *biennio iam confecto fere appellas*

biennio iam ΣF^{2}: *bienni omnia* $EF^{1}G$

Si contaminationi, adhibitus uidetur aut Petrarcae codex aut alius inde deductus, cum neque in Σ neque alibi apud Gallicos reperiantur uerba a Vaticano omissa. Reli-

16 *Op. cit.* (n. 9) 566–7. Huius familiae etiam E. Olechowska in editione Plancianae (Lipsiae 1981), vii–viii, xii, errores aliquot enumerat, si fidem mereretur; nam ibidem de F nostro saepius fallitur.

quis demum codicibus examinatis, id est eis qui aliunde quam ex Petrarcae codice originem ducunt, breuiter ad rem perplexam redire oportebit. Interea illud adicio, Gallicos omnes praeter G communes quosdam errores habere, uelut in Valerianae capitulo 44 *nullus commoueri* pro *commoueri nullus*[17]. Ex Σ pendent Guelferbytanus, Montepessulanus, Parisini 7777 7824 7828.

Apparet igitur omnium quos adhuc recensui testium longe sincerissimum esse Vaticanum E; ubi deest (nam excisum est folium quo initium Quinctianae ante capituli 7 uerba *-piditati alterius* continebatur) in eius locum substituendos F^1G; multo cautius adhibendos F^2Σ, quippe quos non potuerim coniciendi suspicione purgare. Vaticanus olim editoris docti et acuti Gasparis Garatonii fuit, qui in curis secundis ineditis hunc unum citat praeter eos quorum notitiam ex editionibus sumpserat. Contigit deinde Clarkio ut in apparatu critico sub codicum Σb consensu Vaticanum plerumque quamuis ignarus exprimeret, sed ideo illi inter se aliquando consentiunt quod Σ et F^2 eandem uterque coniecturam receperunt.

Ad Petrarcae quam proxime licuit peruenimus codicem: in Cluentiana etiam ad apographon illud Boccacii quo is usus est perueniri posse Rizzo probauit. Erroribus enim aliquot Petrarcae caret familiae *a* codex **Palatinus Latinus Bibliothecae Vaticanae 1478,** Patauii anno 1413 ad usum Sicconis Polentoni exaratus; id ita potuisse fieri si mortuo Petrarca ipsius codex Papiam cum una librorum eius parte auectus esset, exemplar Boccacianum Patauii apud heredes eius cum altera remansisset (nam con-

17 In familiam Gallicam quadrant etiam nonnullae lectiones ad textum Stephanianum anni 1543 a coaeua fere manu appositae in exemplari Parisino Bibliothecae Nationalis X 17178; sed aut non omnes ab eodem fonte sumpsit aut codicem adhibuit mihi quidem ignotum.

taminationis quidem longe abesse suspicionem)[18]. Vtcumque factum est, in Quinctiana quoque et Valeriana eadem Palatini condicio esse deprenditur; nam ut de Quinctiana tantum loquar, haec omittit Vaticanus E, habet Palatinus:

10 *obsecrat ... atque*	73 *et complures fuerunt*
33 *is ... diceret*	91 *per se*
55 *summa*	98 *suis* ante *paternis*
71 *est* post *controuersia*	99 *de* ante *cuius.*

Palatini fons atque adeo fortasse exemplar fuit codex nunc mutilus quem ipse detexi[19], **Venetus Bibliothecae Marcianae Lat. XI 122 (4117),** ob duas res memorabilis, primum quod in toto recentiorum grege nullum antiquiorem uidisse mihi uideor, deinde quod solus ex omnibus Cluentianam Quinctianam Valerianam neque aliud quicquam continet aut umquam continebat; hanc enim habet subscriptionem: *Tulii Ciceronis pro Aulo Cluentio pro Publio Quintio et pro Lucio Flacco orationes expliciunt.* Marcianum igitur ubi superstes est adhibeo, alibi Palatinum; quorum illum **C**, hunc **D** nuncupabo. Haec omittit Marcianus:

49 *saepe* ante *uitam*	67 *Quinctius*
52 *ista*	68 *ab* ante *Alfeno*
53 *et* ante *consilio*	76 *leue*
54 *possit* ante *uideri*	88 *tum* ante *idem fecerit*
55 *ista* ante *officia*	94 *quod* ante *in illo.*
57 *istuc*	

Hos errores habet transpositis inter se uocibus natos:

66 *bona ex edicto*	81 *inauditum utrumque.*

Marciani igitur uel Palatini cum Vaticano E concordia apographon illud nobis repraesentat ex quo familia *a* manauit; quod utrum Boccacius sicut in Cluentiana an alius

18 *Tradizione* 31–2.
19 Vide *Class. Rev.* 98 (1984) 43.

quidam scripserit, aut utrum binas columnas sicut C habuerit an singulas sicut E, nescio. **Δ** illi nomen imponam.

Seorsum ex Δ fluxit codex ille quem **H** uoco (deest autem in catalogo Rizziano, quia Cluentiana caret):

Vaticanus Ottobonianus Latinus 1710, qui orationes continet pro Ligario (a f. 1r), pro Marcello (a f. 7v), pro rege Deiotaro (a f. 13v), spuriam illam tamquam pridie quam in exilium iret habitam (a f. 22v), post reditum in senatu (a f. 28v), pro lege Manilia (a f. 38v, initium tantum deletum), pro lege Manilia (a f. 41r), pro Milone (ff. 56r–80r), de haruspicum responsis (a f. 81r), Quinctianam (a f. 97r), pro Sestio (a f. 115v), Valerianam (a f. 135r), pro Caelio (a f. 156v), pro Balbo (a f. 175r), in Vatinium (ff. 190v–199r), et ex alio codice pro Archia (a f. 200r), pro Marcello usque ad cap. 2 uerba *ad bene de* cum reclamanti qui uocatur *omni re p.* (f. 207v); inter ff. 199 et 200 intercedit originis incertae folium 199bis, in cuius prima facie aliae manus partem epigrammatis Apuleiani scripserunt ex Apologiae capitulo 9.14 sumptam et *Ephitaphium Antonie apud Sanctum Blasium Chataldum Venet,* quod incipit *Hic iacet Antonia matura mente puella*; ff. 1–199 quiniones sunt (periit enim ultimum, nisi forte idem illud est quod 199bis uocaui), ff. 200–207 quaternio, omnia membranacea; orationum pro Ligario et de haruspicum responsis primae litterae coloribus pictae, ceterarum stilis rubro et caeruleo exaratae sunt[20].

CDE nostris et corruptior est H et ad recipiendas coniecturas pronior, sed satis erit hoc errorum specimen dedisse:

20 Cf. *Manuscrits classiques latins de la Bibliothèque Vaticane* I (Parisiis 1975) 650–51.

8 *nullum aduersarius* pro *aduersarius nullum*
18 *paratum sibi* pro *sibi paratum*
19 *iterum [iam]*
27 *[eiusmodi rationibus]*
29 *solui ⟨promittere⟩ satisdaret.*

Adice quod in Valeriana circa capitulum 24 ad familiam *β* desciscit. Nec tamen omnino utilitate est destitutus; nam ubi deficiunt CD, codicis Δ lectionem efficit huius cum E aut cum familia *β* concordia, uelut hoc loco:

5 *nihil est iam sanctum neque sincerum in ciuitate, nihil est...*

neque β: *atque* FGH: desunt CE: *iam ... nihil est* om. D

Ex H ut opinor accedente interdum contaminatione manauerunt hi codices, Romae Monacensis, ceteri Florentiae scripti:

Firenze Laur. 48.20 — München Staatsbibl. Lat. 68
Firenze Naz. Magl. VI 198[21] — Oxford New Coll. 249.

Florentiae etiam ipse H et quidem circa initium saeculi xv scriptus uidetur, sed non ausim dicere utrum textus illuc ex septentrionalibus Italiae partibus migrarit an exemplar ipsum Florentiae fuerit, puta ex Boccacii apographo tractum antequam id habuit Petrarca. Tabulam et titulos Gulielmino Tanaglia Florentino deberi censet Albinia de la Mare, uiro tam in litteris quam in re publica uersatissimo, qui Patauii annis saltem 1412–13 et 1419–20 fuit[22].

21 Folium huius codicis 49, quod capitulorum 43–47 uerba *uerum aliquando ... ipse sedeat* continet, alius librarius scripsit aliquo familiae *β* codice usus.

22 De hoc ante ipsam in *Das Verhältnis der Humanisten zum Buch*, ed. F. Krafft et D. Wuttke (Boppard 1977) 105–6, breuiter egit Sabbadini, *R.I.F.C.* 21 (1892) 142–3 et *Giorn. Stor. della Lett. Ital.* 46 (1905) 81 = *Storia e critica di testi latini*, ed. 2 (Patauii 1971) 291–3. De codice H uide etiam ea quae scripsi in *R.I.F.C.* 112 (1984) 269–72.

Familiam β magna ex parte Florentinam esse iam diximus, et sicut Cluentianae codex M ex quo semel Casinum reliquit Florentiae semper uidetur fuisse, ita in nostris orationibus fieri facile potuit ut aut archetypus ipse aut apographon eius in bibliothecam quandam Florentinam deueniret; sed de familiae β origine nullum adhuc quisquam testimonium protulit. Adeamus igitur codices ipsos; quorum antiquissimus est **Laurentianus plut. 48.11**, a uiro harum litterarum studiosissimo Poggio non ueloci sed eleganti manu scriptus. Solus hic familiae β ante annum 1415 scriptus uidetur, quo in Italiam aduectae sunt in uetere Cluniacensi orationes pro Sex. Roscio et pro Murena cum quinque Cluentianae locis quibus M carebat; nam illae quidem desunt, finem Cluentianae suppleuit non ipse Poggius sed Iohannes Arretinus. In Quinctiana admodum multa omittit:

8 *-que* post *facultatem*
9 *ita diligenter*
9 *-que* post *nobilitatem*
10 *aequitatem*
13 *me* post *quae*
13 *tamen quia postulat*
16 *P.*
27 *consulere*
29 *sisti*
30 *Dolabella denique*
33 *porro*
34 *dicendo*
34 *-met ipsi*
37 *istam*
38 *erat* post *res*
38 *cum* post *qui*
39 *propinqui*
44 *liberatus*
45 *agimus*
45 *nostro iudicio*
46 *id* ante *iudicium*
48 *simul*
51 *scientes*
52 *quis* ante *socius*
54 *quoniam tu in tua re*
55 *inquit*
56 *bonorum*
56 *omnino*
58 *cur scire potuerint*
62 *et* ante *famam*
63 *ego* ante *te*
63 *esse* ante *eum*
63 *enim* post *fatetur*
73 *est* post *inuentus*
77 *per-* ante *multis*
81 *a sua familia*
94 *ut* ante *in capite*
96 *unde.*

Hos errores habet transpositis inter se uocibus natos:

11 *est unquam*	43 *nunc in eo*
15 *inter se multa*	46 *quoque uadimonium*
19 *omnibus societatis*	55 *diligentia ac sanctimonia*
34 *unquam illis*	86 *pollicitus sum planum me*
34 *informata iam*	89 *Romae domum*
38 *uelit aliquam partem*	93 *atque adeo expositam patentem.*
39 *de pecunia mentionem*	

Eadem et plura omittunt uel transponunt non solum tres codices qui aperte ex Poggiano originem ducunt,

London British Library Burn. 157
New Haven Yale Univ. 93
Vat. Arch. S. Pietro H 24,

sed etiam duo quibus in Cluentiana utitur Rizzo, Laurentianus scilicet plut. 48.10, quem Ioh. Arretinus anno 1416 se scripsisse testatur, et Neapolitanus IV B 11; hunc et alterum a Ioh. Arretino scriptum codicem, Vaticanum Pal. Lat. 1486, ex Laurentiano 48.10 pendere existimo[23]. Accedunt ut opinor Laurentianus alius plut. 48.13 et alius Neapolitanus IV B 5, in quo tamen Quinctianae nihil nisi initium et finem uidi luce depictum. Quominus in Quinctiana ex Poggiano ortus putetur Vaticanus Pal. Lat. 1483, circa annum 1435 ab homine scriptus aut inscienti aut indiligenti, id unum ut opinor obstat quod in capitulo 75 non *neglexerint* habet sed *negligerint*; uidetur enim in archetypo *negliger̄* uel *negligerī* fuisse. Restant duo codices qui in Quinctiana plerumque a Poggiano stant sed interdum cum familia *a* consentiunt, uelut in eo quod haec

23 Eis quae in *Class. Rev.* 98 (1984) 41 et *R.I.F.C.* 112 (1984) 273 de Laurentiano et Neapolitano dixi hoc nunc adicere possum, post Roscianae uerba *et ista aucto-*, quae casu quodam in Laurentiano et folii 22 ultima sunt et ipsius orationis, alio atramento usum esse Casinensis librarium (est autem Casinensis Neapolitani pars prior).

uerba a Poggiano aut omissa aut transposita suis locis exhibent:

9 *ita diligenter*	37 *istam*
11 *unquam est*	38 *erat* post *res*
13 *me* post *quae*	46 *uadimonium quoque*
16 *P.*	62 *et* ante *famam*
34 *iam informata*	63 *ego* ante *te*
34 *-met ipsi*	93 *patentem atque adeo expositam.*

De his autem codicibus loquor:

Escorial R I 12
London British Library Add. 16980.

Hos ex eodem quo Poggianum fonte fluxisse potius quam illius textum contaminasse confido. Londiniensis Palatini Lat. 1483 fere aequalis est, aliquanto uetustior Scorialensis, circa annum 1420 fortasse ab Antonio Marii filio scriptus. Melior quoque hic et illo et ipso Poggiano, cum praeter errores familiae *β* non nisi hos habeat:

24 *consules* pro *consulibus*	54 *consulere* bis
33 *[p]restitueres*	76 *quamquam*
44 *at[ne]que*	78 *hi duo* pro *biduo*
47 *discreti* pro *diserti*	78 *milia* bis.

Itaque minus iam miror quod in hoc uno praeter Poggianum finis Cluentianae cum orationibus pro Sex. Roscio et pro Murena primitus defuit, quamuis assint orationes anno 1417 repertae[24]. Poggianum X, Scorialensem Y, communem utriusque fontem Φ uocabo. Praeter Burneianum, altera saeculi xv parte Venetiis scriptum, familia *β* Florentina tota est.

Decantatum est illud *tertium non datur,* et ualet profecto in Cluentiana, ubi ex familiis *a* et *β* codicis M progenies tota constat. In Quinctiana et Valeriana non item; nam praeter familias *a* et *β* alii quoque codices extant qui ne-

24 Cf. ea quae scripsi in *Class. Rev.* 98 (1984) 41.

que uni aut alteri annumerari queant nec tamen utramque cum altera uideantur commiscuisse. Hic nobis iterum *t* illa Beneuentana succurrit:

Flacc. 41 *aut* α: *haud* β: *tua* cett., recte

Non tamen continuo, siqui codices *tua* habent ceterisque familiarum α et β erroribus carent, eos omnes tertiae cuiusdam familiae esse arbitrandum est; nam familias efficiunt non genuinae sed aduenticiae lectiones. Inter huiusmodi igitur codices tantum abest ut tertiam solum familiam statuere debeamus ut tot familiae quot codices esse possint. Neapolitanum tamen Bibl. Nat. IV B 7 et quattuor Bodleianos, qui primi se mihi conferendos obtulerunt, re uera repperi nonnullos errores communes habere, ut hos in Quinctiana omissis uocibus natos:

8 *[et] uitandi*
17 *[decidis ... solueretur]*
35 *[et] mihi*
60 *[te] postulaturum*
62 *[idem] qui*
73 *bona [P.] Quintii*
77 *[mihi] uideri*
89 *[in] uniuersis*
94 *fas [est]*
94 *[id] quod non licet*
95 *indignum [est].*

Miro deinde casu accidit ut quasi per fabae culmum ad totius familiae culmen ereperem. Inter proximos enim hos codices contuli (desunt autem in catalogo Rizziano, quia Cluentiana carent):

Laurentianum plut. 48.18, qui orationes continet pro Marcello (a f. 1r), pro Ligario (a f. 3v), pro rege Deiotaro (a f. 6r), pro lege Manilia (a f. 9v), pro Milone (a f. 16r), post reditum ad Quirites (a f. 25v), post reditum in senatu (a f. 28r), spuriam illam tamquam pridie quam in exilium iret habitam (a f. 31v), pro Plancio (a f. 34r), pro Sulla (a f. 44v), Quinctianam (a f. 53r), pro Sex. Roscio (a f. 60r), Valerianam (a f. 72r), pro Archia (a f. 80v), Commentariolum petitionis (a f. 83r), spurias Ciceronis et Sallustii inuicem inuectiuas (a f. 87v), pro Murena usque ad cap. 10 uerba *ut meminerim me* (f. 90); deinde post folia uacua (ff. 91–4) alia manus quattuor missarum ordinem usque ad initium quartae descripsit (ff. 95r–97r) et in spatio uacuo compositiones addidit medicas (f. 95v); ff. 1–11 undecim senionis folia sunt (deest enim primum), ff. 12–83 seniones, ff. 84–90 septem senionis folia; exteriora et interiora fasciculi cuiusque bifolia membranacea sunt, cetera chartacea[25];

Vaticanum Ottobonianum Latinum 1991, qui post tabulam paulo recentiorem orationes continet pro Marcello (a f. 1r), pro Ligario (a f. 3v), pro rege Deiotaro (a f. 7r), pro lege Manilia (a f. 11v), pro Milone (a f. 18v), pro Plancio (a f. 29v), pro Sulla (ff. 42r–53v), Valerianam (a f. 55r), Quinctianam (a f. 65r), spuriam illam tamquam pridie quam in exilium iret habitam (a f. 74v), post reditum in senatu (a f. 77r), post reditum ad Quirites (ff. 82r–85r); ff. 1–48 quaterniones sunt, ff. 49–54 ternio, ff. 55–66 senio, ff. 67–76 quinio, ff. 77–87 senio (deest enim unum), omnia membranacea[26];

25 Codicem descripsit A. M. Bandinius, *Catalogus codicum latinorum Bibliothecae Mediceae Laurentianae* II (Florentiae 1775) 443–5, qui Petrarcae manum agnouisse sibi uisus est. Propterea credo Quinctianae capitula 30–31, 60–62, 80–85, in usum editorum Turicensium iuuenis adhuc contulit Th. Mommsen; cf. ea quae disputat Rizzo in *Codici latini del Petrarca nelle biblioteche fiorentine,* ed. M. Feo (Florentiae 1991), 31–2 sub numero 8. Poggii manum in marginibus hic illic agnoscit Albinia de la Mare, cui ipsius quoque librarii manus non longe distare a Poggii manu ueloci uidetur.

26 Cf. *Manuscrits classiques latins de la Bibliothèque Vaticane* I (Parisiis 1975) 729.

Vaticanum Latinum 2903, qui post tabulam paulo recentiorem orationes continet Catilinarias (a f. 1r), pro lege Manilia (a f. 19r), pro Milone (a f. 29v), pro Plancio (a f. 47v), pro Sulla (a f. 67r), Valerianam (a f. 85v), Quinctianam (a f. 104v), pro Marcello (a f. 122v), pro Ligario (a f. 128r), pro rege Deiotaro (a f. 135r), inuectiuas spurias (a f. 143v), spuriam illam tamquam pridie quam in exilium iret habitam (a f. 149v), post reditum in senatu usque ad cap. 19 uerba *uim ui esse superatam* (ff. 155v–160r); ff. 1–104 quaterniones sunt, ff. 105–34 quiniones, ff. 135–42 quaternio, ff. 143–52 quinio, ff. 153–60 quaternio, omnia membranacea.

Vix conferre inceperam cum intellexi non solum Neapolitanum a Laurentiano, Laurentianum ab Ottoboniano, Ottobonianum a Vaticano, sed a Vaticano pendere ceteros omnes. Hunc L nuncupabo. Stemma familiae γ (nam sponte occurrit hoc nomen) contra delineaui.

Scripturam Beneuentanam melius reddit L quam ΔΦ, quippe qui in interpretandis *tai* litteris semel tantum in Quinctiana peccauerit, *tum* pro *autem* in capitulo 8 posito; quam lectionem propterea in Neapolitano non inueneram quod *autem* in rasura restituit Ottoboniani librarius uel corrector aequalis. Archetypum ipsum potius quam archetypi apographon sub oculis habuisse librarium demonstrare non possum, et quis fuerit incertum est; sed cum eo fere genere scripturae utatur quod Florentiae inter annos 1410 et 1414 didicisse Guarinus Veronensis uidetur, Antonii de Corbinellis eum familiarem fuisse conicio, Guarini aliorumque eruditorum adiutoris et amici, qui satis amplam librorum tam Graecorum quam Latinorum supellectilem abbatiae Florentinae

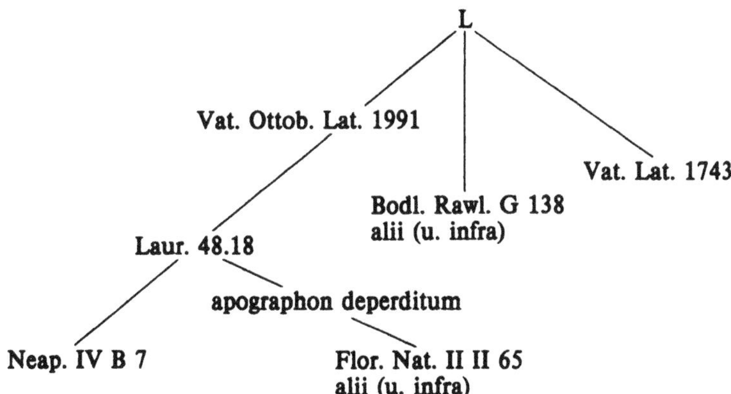

anno 1425 moriens reliquit. Quisquis fuit, non post annum 1417 scriptum esse Vaticanum ex stemmate elucet; nam orationes quas continet Florentinus Bibl. Nat. II II 65 *per Modestum Decembrem properanter transcripte sunt Mediolani de mense Augusto 1417*[27]. Immo anno 1415

27 Cf. catalogum Rizzianum. Recte illa primam subscriptionis partem *He uero nouem suprascripte orationes Tullii* ad Roscianam et quae sequuntur refert, sed credo *nouem* primitus scriptum fuisse, postea *decem* adiuncta Planciana. Sullanam autem et Quinctianam, quae nunc ceteras antecedunt, numquam complexa subscriptio est, sicut etiam ex f. 124v apparet, ubi hae duo cum tribus aliis orationibus breuiter indicantur. Itaque fieri potest ut non eodem statim anno accesserint; scriptura tamen eadem prorsus uidetur.

antiquiorem esse credibile est, cum primus Laurentianus orationes addiderit pro Sex. Roscio et pro Murena, quas iam monui tunc demum in Italiam esse delatas[28]. Florentiae nata familia ibi potissimum creuit. Ottoboniano quidem tabulam praefixit Nicolaus de Nicolis[29]; Florentinam originem prae se ferunt Neapolitanus, Laurentiano non multum recentior, et Vaticanus Lat. 1743, circa annum 1460 scriptus; et Decembrii codex quamquam Mediolani scriptus progeniem habuit Florentinam, Riccardianum scilicet 498 et Laurentianum S. Crucis 14 sin. 9[30]. Ex eodem Laurentiani 48.18 apographo quo Decembrii codex alii multi originem ducunt:

Firenze Laur. 48.25
Oxford Bodl. Canon. Class. Lat. 253
Oxford Bodl. Laud. Lat. 48
codex Sozomeni 31 (anni 1425)
Vat. Lat. 10661
Den Haag 75 C 63
New Haven Yale Univ. Marston 6
Oxford Bodl. Canon. Class. Lat. 226
Paris Nouv. Acq. Lat. 3032
Seitenstetten 35.

28 Tunc demum apud Italos innotuisse etiam Commentariolum petitionis uidetur, quippe quod codicis Vaticani Ross. 957 librarius *scriptum Constantie prouincie Maguntine anno domini M°CCCC°XV tempore concilii generalis Constanciensis in profesto Sancte Lucie uirginis ac martiris* esse testetur ceterique Italici qui siue inter orationes siue alio loco praebent recentiores aut sint aut esse possint; nam codici nostro D anno 1413 scripto paulo post additum est.

29 Vide *R.I.F.C.* 112 (1984) 268 n. 2.

30 Cf. *R.I.F.C.* 112 (1984) 278–9. Interea comperi in Sullana capituli 23 uerba *qui ex municipiis ... M. illi Catoni seni,* quae in Riccardiano primitus defuerunt, integrum uersum in Decembrii codice efficere. Correctorem non ipso Decembrii codice usum esse arguunt in Miloniana restituta capituli 21 uerba *multa etiam ... iudicaturos,* quae etiam ille omittit.

Capituli 89 uerba *edictum ... Naeuium,* quae unum Laurentiani uersum efficiunt, hi omnes omittunt. Haganus et qui sequuntur nonnullos cum Decembrii codice errores communes habent, uelut in capitulo 28 *summa* pro *insigni,* et ipsi quoque aut Mediolani scripti sunt aut certe non Florentiae; sed ex prioribus Florentiae aut non longe a Florentia uidentur scripti saltem Laurentianus 48.25, Canonicianus, codex Sozomeni Pistoriensis. Vaticanum Lat. 10661, Neapoli medio fere saeculo xv scriptum, annotationibus aliquot instruxit Antonius Panormita[31]. Ex ipsius denique L apographo deperdito fluxit elegantiorum codicum turba:

Firenze Laur. 48.9
Firenze Laur. 48.12
Firenze Laur. 48.24
München Lat. 15734
Oldenburg Cim. I 11
Oxford Bodl. Rawl. G 138
Siena Com. H XI 64
Vat. Pal. Lat. 1480
Vat. Lat. 1744.

Accedit corrector codicis Taurinensis Bibl. Nat. E II 24. Hi omnes cum alios errores habent tum in capitulo 11 *etiam non tam* pro *tamen non ita.* Bodleianus Palatinus Vaticanus Lat. 1744 Romae scripti uidentur, Florentiae ceteri. Itaque familias *β* et *γ* Florentiae utramque natas esse et propagatas uidemus sed latius hanc in alias Italiae partes euagatam. Totius tamen caput esse Vaticanum L et statim ubi inspexi putaui et inspectis pluribus qui eosdem errores habent multo sum certior factus. Satis signi est quod is solus in capitulo 2 primitus cum Δ *illos* habuit, ceteri *illis* habent a correctore in litura substitutum; adice quod in capitulo 20 uocem *dies,* quae in omnibus

31 Tam de origine quam de annotationibus iudicium refero Albiniae de la Mare. Cum Florentiae circa annum 1427 uersatus sit Panormita, fieri potest ut ipse eo tempore huius Vaticani exemplar aut nactus sit aut scripserit.

apographis primitus defuit, dum paginam uertit omisit codicis L librarius.

Nouem igitur sunt codices, ante annum 1415 praeter Y sine dubio omnes exarati, quos secutus ad eum Quinctianae et Valerianae textum peruenire conabor quem uiuo adhuc Petrarca in uetusto quodam codice Beneuentano inuenit siue Boccacius siue alius ignotus:

C = Venetus Marcianus Lat. XI 122
D = Vaticanus Pal. Lat. 1478
E = Vaticanus Lat. 9305
F = Parisinus Lat. 7778
G = Parisinus Lat. 16226
H = Vaticanus Ottob. Lat. 1710
L = Vaticanus Lat. 2903
X = Laurentianus 48.11
Y = Scorialensis R I 12.

Hoc autem modo ex codice illo fluxerunt, quem Ω nuncupamus:

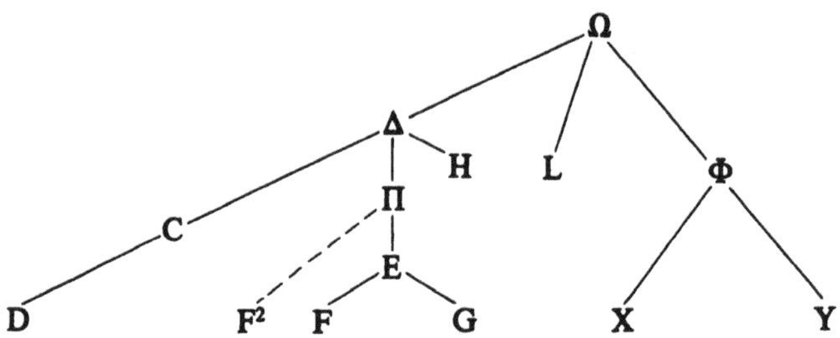

Quid ergo? de teste illo praestantissimo B ne uerbum quidem? Sic enim a Clarkio et recentioribus editoribus appellatur corrector codicis b, quem Georgium Antonium Vespucium fuisse cognouit Albinia de la Mare. Is autem cum sit circa annum 1434 natus, uix anno 1455 antiquiores sunt illae correctiones; quas quo rectius aestimemus, altius repetenda erit fabula. Prius tamen de ipso Ω pauca dicenda sunt, et primum quidem de origine eius et fatis, deinde de textu Quinctianae et Valerianae.

Vidimus Ω nostri sicut Cluentianae codicis M scripturam Beneuentanam fuisse, utrumque uiuo adhuc Petrarca repertum iterum sub annum 1415 ex bibliothecae cuiusdam Florentinae thesauris esse protractum. Quaerendum igitur uidetur num forte codex M etiam nostras orationes olim sit amplexus, quam coniecturam anno 1988 Rizzo mecum per litteras communicauit, anno 1991 ab integro proposuit Ornato cum de his rebus coram disputaremus. Periit enim in M finis Cluentianae post capituli 192 uerba *atque his rebus,* quae fasciculum claudunt, sed cum familiae *α* et *β* usque ad eiusdem capituli uerba *aut ne forte ma-* pergant, secutum esse olim aut folium aut fasciculum aut fasciculos plures liquet. Accedit quod ut is qui saeculo xv tabulam codici praefixit non de oratione sed de orationibus M.T.C. pro Aulo Cluentio, ita is qui anno 1500 Bibliothecae Diui Marci Florentinae inuentarium instruxit de duabus orationibus Tullii loquitur. Quid igitur si una cum illa Cluentianae particula etiam Quinctiana et Valeriana interciderunt? Sunt tamen quae huic coniecturae repugnent. Primum enim, siue Cluentianam tantum siue omnes codex M tunc temporis continebat, pariter a uero aberrant illae bibliothecariorum descriptiones; deinde, si finem Cluentianae excepit initium Quinctianae aut Valerianae, uix credibile est illum mutilum, hoc integrum fuisse; alia porro est in Cluentiana lacunarum magnitudo, alia in Valeriana; denique apographon illud unde familia *β* manauit multo mihi negligentius in Quinctiana et Valeriana scriptum uidetur quam in Cluentiana, quod uix accidisset si idem omnium exemplar fuisset. At enim fieri potest ut Quinctianam et Valerianam ex alio fonte sumpserit codicis M librarius aut alius eum in illa parte quae periit subsecutus. Parum tamen interest utrum codicem M an recentiores ex alio fonte Cluentianam, ex alio Quinctianam et Valerianam sumpsisse credamus; nam ut illam, ita has utcumque e Beneuentana regione originem ducere satis iam ut opinor apparet.

Codicis Ω textus non modo propter scripturam Beneuentanam librarios facile fallebat sed eo etiam quod uerborum diuisionem seu nullam interdum seu prauam seu parum planam habebat, uelut his Quinctianae locis:

24 *uada Volaterrana*

sic *L*: *badabo laterrana* Δ: *badabola terrana* **Φ**

38 *in controuersiam ueniret*

sic **ΔΦ**: *in controuersia inueniret* L

38 *siqui suos*

sic **ΔL**: *siquis uos* **Φ**

Pulchre in Valeriana codex **Φ**:

23 *intra Boetiam magis*

intrabo etiam magis **ΔL**

Antiquioris scripturae uestigia non multa seruabat, sed bis in Quinctiana interlucet litterarum *E* et *F* capitalium similitudo:

53 *non statim ad C. Aquilium aut eorum aliquem qui consuluntur cucurrisses?*

eorum ... qui ... cucurrisses Clarkii c: *forum ... cui ... concurrisses* **LΦ**: deest **Δ**

82 *quid haec amentia, quid haec festinatio, quid haec immaturitas tanta significat?*

festinatio Clarkii k: *estimatio* uel *extimatio* Ω

Notandum etiam hoc in Valeriana:

97 *operae facessant, seruitia sileant*

facessant Ω: ł *ea cessant* L^{mg}.

Grauior de lacunis et spatiis quaestio; nam in utraque oratione spatia uacua hic illic ΔLΦ sed non eadem omnes relinquunt, et semel in Quinctiana, ter in Valeriana argumento plura desunt. Spatiorum in codice Ω duplex uidetur usus fuisse, ut aut defectum indicarent, puta ubi librarius ipse uel aliqui ex prioribus particulam textus legere non potuit, aut initium tantum capituli, uelut in Quinctiana ante capituli 11 uerba *C. Quinctius fuit* uel capituli 93 uerba *non comparat,* ubi deficere quicquam uix potest credi. Hiat autem argumentum Quinctianae in medio capitulo 85, ubi sic Syluius anno 1532: *Hoc in loco desunt omnia quae Cic. dixit ut ostenderet Naeuium Quintii bona non possedisse. Ea quae sint potes cognoscere ex his quae in peroratione Cic. per capita repetit. Deest etiam principium perorationis, id est conclusionis per enumerationem.* Quantum desit ne ex palimpsesti quidem P foliis quae capitula 66–70 et 92–3 continebant potest colligi; nam nec quot folia intercesserint notum est neque utram ultimi faciem Peyron legi non potuisse significet[32]. In codicibus CEHLXY sic continuatur oratio:

hoc edicti nuum ne appellasset quidem Quinctium

nuum ΔL^1: *unum* L^2: *num* Φ

32 Vtraque res fraudi fuit Clarkio; uide *The descent of manuscripts* (Oxon. 1918) 138–9.

Casu tamen non potest accidisse ut in codice C uocabulum *edicti* folii uersi ultimum esset, *nuum* primum sequentis; et in codice L annotatum erat quiddam quod acerbe fero praesecta margine praeter caudas paucarum litterarum totum perisse. Apparet igitur aut ex Ω ipso, quod mihi quidem multo probabilius uidetur, aut ex aliquo priorum folium unum uel plura excidisse; qua de re quid afferat Hotomanus paulo post audiemus. Male locum sarciuit alterum codicis L apographon:

hoc dico, Naeuium ne appellasse quidem Quinctium

Optime enim cum praecedentibus quadrat *edicti,* cum sequentibus *appellasset*; et sub monstro illo *nuum* collatis capitulis 40 41 67 latere suspicor extremam uocis *biennium* partem. Pugnat igitur secum Clarkius, qui lacunam agnoscit iamdudum a Naugerio statutam, infelices coniecturas *dico, Naeuium, appellasse* ex B suo recipit.

Ad B illum Clarkii sponte rediit oratio, et iam tempus est ut quaeramus qui uiri quando quibus modis eum quem acceperant textum emendare temptauerint.

Codicum quidem ΔCDΠEFGXY manus primae a coniecturis aut omnino aut maxima ex parte temperauerunt, nec multa in codicibus CDEGXY aut a librario aut a manu secunda mutata sunt. Codicis autem F corrector coniecturas complures addidit, saepius bonas quam malas sed raro longe petitas; quae si recte eum Petrarcae codice usum esse contendimus ipsius Petrarcae possunt uideri. Neque obstabit quod in Vaticano desiderantur; nam fieri potest ut annotationes quasdam corrector noster excerpserit quas aut neglexerat Vaticani librarius aut postea addiderat Petrarca. Certe non omnia ipse commentus est; male enim interpretatus est probam hanc correctionem:

> 60 *QVI FRAVDATIONIS CAVSA* ⟨*LATITARIT*⟩. *Non est is Quinctius, nisi si latitant qui ad negotium suum relicto procuratore proficiscuntur.*

Sic primus quod sciam Naugerius in editione Veneta anni 1534; nam quod Kellerum secuti recentiores editores uocem *latitarit* in Parisino nostro ascriptam esse dicunt, id quidem recte, sed ita ascripta est ut pro *latitant* legi debeat. Hoc quam absurdum sit quiuis uidet, nec dubito quin Naugerii coniecturam aliquis iam tum praeceperit; qui cum fortasse parum plane indicasset quo referri deberet uox *latitarit* in margine ascripta, extitit corrector noster qui uocis *latitant* similitudine deceptus Naugerio palmam reseruaret. Cum autem rem nobis cum ipso Petrarca esse ne sic quidem constet, praestabit F^2 in apparatu citare, sed lectorem etiam atque etiam moneo posse fieri ut sub signo parum pulchro lateat illustris poeta.

Ineunte saeculo xv natae sunt apud codicis F progeniem coniecturae aliquot pessimae quae Gasparino Pergamensi tribuendae uidentur. Papiae is ante annum 1407, deinde Pataui usque ad annum 1421, postremo apud Longobardos rursus rhetoricam professus est. Vt a Quinctianae capitulo 25 incipiam, codicis Ω haec erat lectio:

> ... *narrat Naeuio quo in loco uiderit Quinctium. Quod ubi ex Publicio pueros circum amicos dimittit, ipse suos necessarios ... conrogat.*

In Mutinensi Lat. 442, qui cum F *nisi* pro *ubi* habet, annotatum est *hec uerba possunt suppleri Gas.: narratum Neuio esset non tam cito res in contentionem uenisset. Tunc Neuius*; idem fere in Budapestino Nat. 147 et Vaticano Pal. Lat. 1481 inuenitur, idem sine auctoris nomine in Pal. 1476, et uerba *narratum ... Neuius* uel *narratum ... Neuius ipse* in textu habent multi eiusdem generis codices. Hoc supplementum, cum amplius triginta annos circumpadanam

Italiae regionem pererrasset, nescioquomodo nactus Vespucius in codicem b transtulit; sed parum Latinum esse *ex Publicio narratum* uidit Syluius, parum numerosum *in contentionem uenisset* et *ń* ex *ú* errore natum ipse Clarkius[33]. Perge ad capitulum 33 et in alteram lacunam incides:

> *... quam rem facile a praetore   nisi tu quod esset tuum ius ... docuisses.*

Ineptissimo illorum codicum supplemento *impetrari spero* eiusdem Gasparini nomen codex Mutinensis apponit; quod tamen supplementum cum inter manus B lectiones supra scripto *impetrassent* inuenisset Clarkius, ita utrumque amplexus est ut diceret uocem *impetrassent* in optimo manus B fonte lectu difficilem fuisse, *impetrari spero* aliquem sibi prius uisum esse displicere. Bene se habere *impetrassent* non nego: hoc nego, bono codice opus fuisse ut inueniretur, praesertim cum *impetrasset* habeant deteriores nonnulli ex F orti uelut Vaticanus Pal. Lat. 1484 et Venetus Marc. Lat. Z 428. Lacunam etiam capituli 6 quae nulla est sic explent Mutinensis, Parisinus Lat. 17883, Palatini 1481 et 1476, alii multi:

> *non minus saepe ei uenit in mentem* ⟨*uis*⟩ *potestatis quam aequitatis tuae.*

Haec de Gasparino dixisse sufficiat. Longe melior est Vaticanus Pal. Lat. 1484, Venetiis ut uidetur ante annum 1430 scriptus, quem Naugerio aliquas coniecturas aut praeripuisse uidebimus aut praebuisse. Ceteram codicis F progeniem non multum ad emendandum textum contulisse testimonio erunt editiones Veneta anni 1471 a Lodouico Carbone curata et Bononiensis aliquanto recentior

33 Vide *Anecdota Oxoniensia* 11 (1909) 5.

sed longe corruptior, in qua subscriptum est *Finiunt orationes Tulli sumpte de exemplari uetustissimo diligentissimeque iam emendate ac correcte per dominum Guarinum Veronensem.*

Iam supra exposui in omnibus familiae Gallicae codicibus praeter Parisinum G, et praecipue in Parisino Σ Bernensi Parisino 6369, lectiones inueniri quae aut contaminationi deberentur aut diuinationi. Patet nunc eas saltem diuinationi esse tribuendas quae in archetypo Ω fuisse non possunt, uelut hae:

5 ... *ueritas ... locum ubi [res] consistat reperire non poterit*

25 *testifica[n]tur iste*

-cantur iste ΔL^1: *-cantur isti* F^2 L^2Φ

60 *QVI FRAVDATIONIS CAVSA* ⟨*LATITAT*⟩. *Non est is ...*

Vidimus hoc loco correctorem F^2 male intellexisse supplementum *latitarit.* Aut idem supplementum male rursus intellexit aliquis aut minus bene *latitat* de suo prompsit.

66 *testa[n]tur isto audiente ...*

In capitulo 60 consensum quendam habes inter Σ et F^2: nonnullos etiam inter Σ et L uel L^2 consensus accipe:

8 *... potestas adempta nobis erit ...*

adempta ΣL: *attentanda* Δ: *attendenda* Φ

10 *... non ius par, non agendi potestas eadem ...*

ius Σ$L^2$$H^2$: *in ius* Δ$L^1$Φ

Hae codicis Σ aliorumque Gallicorum lectiones utrum casu an alio pacto Italicas coniecturas iterauerint procul abest ut scire me credam.

Correctiones aliquot in exemplari inuenit codicis H manus prima, plures postea seu codicibus seu coniectura usae recentiores manus addiderunt.

Interea ex ipso Ω describuntur L et Φ. Vbicunque autem L a ΔΦ aut Φ a ΔL recedit, ibi plerumque aut errasse librarium aut coniecturam recepisse credo, et longe plures in L et Φ quam in Δ loci sunt ubi de coniectura uix dubitari potest. Vnum ex utroque exemplum afferam.

62 *... is ... cui tu et rem et famam tuam commendare proficiscens et concredere solebas ...*

et rem L: *ueterem* ΔΦ

75 *Vnum tamen hoc cogitent, ita se graues esse ut si ueritatem uolent retinere grauitatem possint obtinere; si eam neglexerint, ...*

neglexerint Φ: *negligerī* L: *negliger̄* Δ

Altero loco post *uolent retinere* requiritur aut *negligere* aut *negligent*, a quibus prope abest *negligerī* uel *negliger̄*; sic *neglexerint* corruptum quemquam fuisse non credo. Restant tamen praesertim in Φ multae codicis Ω mendae leues aut prorsus absurdae quas miror huiusmodi coniecturarum auctores non sustulisse. Quod autem Vaticani L corrector cum Φ saepe consentit, is non aliquem familiae *β* codicem consuluisse putandus est sed aut idem diuinando esse assecutus aut coniecturam suam ante descriptum Φ in archetypo notasse.

Etenim coniecturas Vaticanus L non solum in ipso statim textu praebuit sed alias quoque passus est, partim a librario inter scribendum uel paulo post in locum eius lectionis quam transcripserat substitutas, partim ut uidetur adhuc a librario sed interuallo longiore, partim fortasse a recentioribus manibus. Cur in agnoscendis manibus haeream causae duae sunt: primum enim ipsius librarii manus in exarando Vaticano uarias facies induit; deinde magna correctionum pars aut rasurae sunt aut lineolae illae obliquae supra scriptae quibus indicatur transponenda esse inuicem uerba. Ad dinoscendos tamen quosdam correctionum quasi gradus multum nos adiuuant hinc Ottobonianus, ipse quoque ante mensem Augustum anni 1417 scriptus, illinc altera descriptorum familia. Exemplo sint hi loci:

2 ... *haec summa in illis esse* ...

illis Φ, L^2 in ras.: *illos* ΔL^1

Descriptos omnes *illis* habere iam supra dixi.

5 ... *ueritas* ... *locum ubi res consistat reperire non poterit*

pro *res* rasura in L

Vocem *res* omittunt Σ et Angelius in editione Iuntina anni 1515, habebat adhuc L cum Ottobonianus et alterum apographon describerentur, erasa est ante descriptum Vaticanum Lat. 1743. Hucusque igitur descripti locum dubitationi nullum relinquunt.

79 *Deicitur de saltu* ... *pr. Kal. intercalares.*

$\overline{PR}$. L, ita fere ΔΦ: *?* Lmg., postea erasum

Vocem in L annotatam, postea erasam, *post* fuisse demonstrat altera descriptorum familia. Quid autem? uocem *post* utrum spreuit Ottoboniani librarius an nondum in margine inuenit?

74 ... *eximio praemio sceleris exposito* ...

sceleris exposito L^2ΔΦ: *exposito sceleris* L^1

Altera descriptorum familia cum L^2 *sceleris exposito* habet, Ottobonianus *exposito sceleris*. Rursus igitur in dubio est utrum Ottoboniani librarium fugerint an nondum additae fuerint lineolae illae quibus restituitur uulgaris ordo. Quodsi post descriptum Ottobonianum additae sunt, quo teste corrector nisus est? Post descriptum Ottobonianum non dubium est quin haec correctio facta sit:

38 ... *heredem cum primum uidisset* ...

uidisset L^2ΔΦ: *audisset* L^1

Radendo aliquis *ui-* restituit, quod etiam in altera descriptorum familia inuenitur; *au-* habet Ottobonianus. Corrector igitur unde *ui-* nactus est? Hae tamen de L[2] controuersiae ipsius Ω lectionem rarissime tangunt: id saepius in quaestionem uenit, quis primus coniecturam aliquam fecerit, ut his locis:

33 ... *nisi tu quod esset tuum ius et officium potestasque docuisses*

> *potestasque* L$^{mg.}$: *testasque* L^{1}: *testatus* L$^{mg.}$: *testesque* L$^{mg.}$ΔΦ

Ottobonianus *testesque,* Vaticanus Lat. 1743 *potestasque* habet, alterum apographon coniecturas omnes ut uidetur exscripsit; nam *potestasque* in Palatino Monacensi Laurentiano 48.24 Senensi inuenitur, *testatusque* in Bodleiano et Vaticano Lat. 1744, *testes* in Oldenburgensi et ceteris Laurentianis. Antiquissimam ex his *testesque* esse facile credideris, sed *potestas forte* in margine codicis L sequuntur et temporis quoque ordine ut puto secutae sunt librarii manu *ł testatus* et atramento pallidiore *ał testesque.*

77 ... *ut solus dignus uideatur esse qui in scaena spectetur*

> *scena* L^{2}: *sc(a)enas* L^{1}ΔΦ

Ottobonianus ante correctionem et altera descriptorum familia *sc(a)enas* habent, *scaena* ille post correctionem et Laurentianus 48.18 ante mensem Augustum anni 1417 ex eo descriptus. Prius igitur fortasse in Ottoboniano quam in L facilis sane coniectura nata est.

Vt ad ceteros familiae *γ* codices transeam, Ottoboniani corrector pauca ex familia *β* sumpsit, pauciora coniecit. Coniecturas plures habebat Laurentiani 48.18 apographon deperditum, et longius etiam progressi sunt cum Modestus Decembrius, quem mense Augusto anni 1417 codicem suum scripsisse uidimus, tum quisquis ille fuit cuius coniecturas Clarkius ex Bibliothecae Bodleianae codice Canoniciano Class. Lat. 226 rettulit, qui codex nonnullas insuper familiae *a* lectiones habet; omnes tamen et huius et ceterarum familiarum codices coniecturarum copia et acumine superat Clarkii k, Parisinus Lat. 7779, Mediolani anno 1459 pulcherrime scriptus, qui unde tam egregias opes habuerit posteris coniciendum reliquit[34]. In altero codicis L apographo deerant coniecturae, et desunt in Bodleiano Rawl. G 138 et Vaticano Lat. 1744; sed cetera apographi illius apographa hanc plerumque coniecturam habent quam ex B suo rettulit Clarkius:

8 ... *cum etiam telum aduersarius nullum iecerit ... quasi uenenatum aliquod telum iecerint ...*

legerit ... legerint **Ω**

Palatinus Romae ante annum 1450 scriptus uidetur, ceteri Florentiae circa annum 1460, nisi quod Taurinensis anno 1440 ex contaminato aliquo familiae *β* codice descriptus iam anno 1444 ut uidetur cum huiusmodi codice collatus est. Auctor coniecturae quis fuerit postea quaeram.

Familia *β* non tam coniectura quam contaminatione correcta est. Cum enim codicem Laurentiani 48.13 similem cum apographo illo Laurentiani 48.18 quo Decembrius atque alii multi usi sunt aliquis contulisset, alterutram ubique lectionem eligendo textum effecit miscellaneum librarius codicis Taurinensis E II 24; utramque uero exscribere maluit librarius coaeui fere Laurentiani

34 De Laurentio Valla cogitaram, sed etiam Petrum Candidum Decembrium et Franciscum Philelfum in coniciendo satis ingeniosos fuisse affirmat mulier Mediolani sui non amantior quam peritior Mirella Ferrari. Vt in *Class. Rev.* 98 (1984) 42 dixi, uidetur idem ille spuriam iudicasse orationem tamquam pridie quam in exilium iret habitam.

plut. 90 sup. 71, quem codicem secuta est magna filiorum ac nepotum caterua[35]. Huc referenda est editio Romana anni 1471 a Iohanne Andrea de Buxis episcopo Aleriensi parata, huc aut ad eundem fontem Clarkii codex χ, Florentinus Bibl. Nat. Conuent. Suppress. I IV 5 (olim Diui Marci 254), item ille quem Clarkius in aliis orationibus ψ uocauit, Laurentianus plut. 90 sup. 69, qui postea lectionibus ex eodem quo Clarkii B fonte haustis ditatus est. Has siue in textu siue in margine habent tres eiusdem generis codices uix ante annum 1470 exarati:

Oxford Bodl. Digby 231 Wien 11.
Paris B.N.Lat. 7774

Vt igitur ad Clarkii B uel potius Vespucium reuertamur, non satis apparet utrum ex uno codice lectiones suas an ex pluribus sumpserit, nec uero quicquam attinet; nam si ex uno, idem de illo ipso et sic deinceps quaerendum erit donec ad codicem aliquem perueniamus manifesto contaminatum. Sunt enim quae ad familiam β pertinent, uelut in capitulo 34 *informata iam* pro *iam informata* et in capitulo 81 *postulares* pro *postulasti*; sunt quae ad familiam γ, uelut in capitulo 21 *eductus* pro *educatus* et in capitulo 48 pro *uerum* glossema ab L^2 appositum *aequum*, quod in textum recepit alterum apographon; sunt quae ad deteriorem aliquem familiae a codicem, supplementa illa scilicet Gasparini, quae complures etiam ex altero codicis L apographo deducti codices praebent; sunt denique quae ad auctorem illius in capitulo 8 coniecturae *iecerit … iecerint.* Qui huiusmodi teste utitur, is non fontem nactus est sed lacum. Videtur igitur Clar-

35 Vide ea quae disserit Rizzo, *Catalogo* 53–4 num. 33, et cf. *R.I.F.C.* 112 (1984) 280–81. Etiam in Quinctiana et Valeriana subesse Ambrosianum C 236 inf. suspicor, non ipsum scilicet sed alteram partem nunc deperditam.

kius, sicut Parisinum Σ, ita istum B idcirco tam magni aestimasse quod eum in Cluentiana ueterem Cluniacensem sequi uiderat.

Restat ut de coniecturae *iecerit ... iecerint* auctore quaeramus; qui aut Poggius aut amicus Poggii uidetur fuisse. Is enim postquam ueterem Cluniacensem in Italiam misit, bis cum illo in Cluentiana collati sunt familiae β codices, et ita quidem ut iam ante mensem Augustum anni 1417 existeret familia β^r, quam efficiunt codices triginta nouem, postea familia δ, cui Rizzo septem tantum codices tribuit[36]; alteram autem collationem ab ipso Poggio esse institutam Rizzo mihi facile persuasit[37], amico eius Nicolao de Nicolis pari iure tribui posse censet mulier huius morum peritissima Rita Cappelletto[38]. Si igitur familiae δ codices cum eis Quinctianae codicibus compares qui coniecturam *iecerit ... iecerint* praebent, magnam inter utrosque similitudinem inuenies; hic iterum B ψ, hic Taurinensis corrector, hic Monacensis 15734, Laurentianus 48.12, Vindobonensis 11. Adice quod Laurentianus 48.9 ab eodem quo Monacensis librario, Bodleianus Digb. 231 ab eodem quo Vindobonensis scriptus est, Palatinus 1480 Romae eo tempore quo Poggius illic agebat. Itaque non dubito quin coniectura *iecerit ... iecerint* ex Poggii bibliotheca in hos codices fluxerit. Ipsius Poggii eam esse non sequitur.

Mirandum non erit si alii quoque iam tum ut in tanta codicum copia uiri docti fuerunt qui ingenii ope locis laborantibus remedia conarentur afferre, sed ut suum cuique reddatur uereor ne bestiolis illis opus sit quae Psychen Apuleianam cum ante inextricabilem granorum

36 *Tradizione* 59–82; *Catalogo* 171–2 num. 161.
37 *R.I.F.C.* 112 (1984) 284.
38 *R.I.F.C.* 112 (1984) 85–8.

aceruum exspes iaceret allato agiliter auxilio subleuauerunt.

Codices manu scriptos exceperunt inde ab anno 1471 libri formis quae appellabantur excusi. Editiones Veneta Bononiensis Romana qualem quaeque textum habeat iam supra dixi; nam illae ad familiam *α* pertinent, haec familias *β* et *γ* commiscet. Quae eodem adhuc saeculo prodierunt, eae Venetam praecipue et Romanam tam feliciter inter se contaminauerunt, admixtis etiam in editione Veneta anni 1480 nonnullis familiae *γ* lectionibus, ut in tota Italicorum testium turba nusquam codici Ω propior quam in editione Mediolanensi anni 1498 textus extiterit; expulsis enim peculiaribus singularum familiarum erroribus ne nouos quidem multos, si coniecturas quae F^2 nostro debentur excipias, pro lectionibus in Ω traditis praebet. Aliter egerunt uiri omni laude digni Nicolaus Angelius in editione Iuntina anni 1515[39] et Andreas Naugerius in Venetis annorum 1519 et 1534[40], qui siue ingenii ope siue assumptis hinc inde probis coniecturis maculas non paucas uel detexerunt uel sustulerunt.

39 Cum Angelio conspirat corrector Neapolitani IV B 11 recentior, ipse quoque saeculi xvi ineuntis, quem E^3 uocat Rizzo. Vter alterum sequatur nescio. Angelii manum exhibet Calpurnii Siculi codex Riccardianus 636.

40 Altera editorem prae se fert Victorium, sed Naugerii curis secundis deberi orationum uolumen ex ipsius statim fronte manifestum est. Vide etiam ea quae afferunt G. Garatoni in operum Tullianorum tertio, orationum autem primo uolumine (Neapoli 1777), xvii–xx; Io. Casp. Orellius in sexto editionis prioris (Turici 1836), 199–200; E. A. Cicogna, *Della vita e delle opere di Andrea Navagero oratore istorico poeta veneziano del secolo decimosesto* (Venetiis 1855) 231 n. 26, 286 n.*. Nizolii tamen locum quem exscribunt Vulpii fratres in editione operum Naugerii (Patauii 1718), xxxvii, et Cicogna se p. 219 non uidisse testatur et frustra ipse quaesiui.

Commentorum interim series quae quidem editori operae pretium est adire (nam Lusci illud si cum his compares exile et indoctum est) initium capit a Francisci Syluii libello qui anno 1532 Parisiis prodiit. Recentiorum editiones et commentarios piget singillatim recensere: ea tantummodo uirorum doctorum opera memorabo quae codicum nunc deperditorum subsidia quaerenti aliquid utilitatis afferunt aut uidentur afferre.

Anno 1554 prodiit apud Robertum Stephanum uiri iuris peritissimi Francisci Hotomani *Commentariorum in orationes M. T. Ciceronis uolumen primum* idemque ultimum. Orsus ille ab editione eiusdem Stephani Parisina anni 1543 plures adhibuisse se dicit codices manu scriptos uel impressos, respexisse grammaticos aliosque qui harum orationum locos laudent. Quod ad codices attinet manu scriptos, unum se paulo ante annum 1550 nactum in totius operis praefatione profitetur peruetustum, 'in quo locis innumeris' ut ait 'incredibilem scripturae dissimilitudinem ac uarietatem offenderam'; qui idem uidetur fuisse quem in Quinctiana nunc uetustum, nunc perantiquum, nunc antiquissimum appellat. Hunc lacunam capituli 60 a Naugerio statutam sic expleuisse dicit:

> *QVI FRAVDATIONIS CAVSA LATITARIT. Non est is Quinctius .... CVI HERES NON EXTABIT. Ne is quidem. QVI EXILII CAVSA SOLVM VERTERIT. ⟨Dici id non potest. QVI ABSENS IVDICIO DEFENSVS NON FVERIT. Ne id quidem.⟩ Quo tempore existimas oportuisse, Naeui, absentem Quinctium defendi aut quomodo?*

Deesse aliquid apparet, cum orator et hic statim et postea identidem dictitet absentem Quinctium esse defensum; sed supplementum nimis displicet. Vt taceam negasse olim quosdam iuris Romani peritos formulam *QVI ABSENS IVDICIO DEFENSVS NON FVERIT* umquam in edicto fuisse[41], comma illud *ne id quidem* tribus ex causis suspicionem mouet. Primum enim minime necessarium est, cum satis per interrogationem *quo tempore ... aut quomodo* respondeatur; deinde post alterum illud *ne is quidem* misere claudicat; postremo certissimum mihi uidetur propter homoeoteleuton ea quae desunt intercidisse. Quod autem uerba *dici non potest* antecedente *ne id quidem* in loco simili inueniuntur qui anno demum 1824 legi potuit, orationis scilicet pro Tullio capitulo 48, casui id tribui posse concessit ille ipse qui primus similitudinem uidit[42]. Coniecturae igitur deberi Hotomani supplementum uidetur, non codici.[42a] Opinor etiam longe uberiorem bonarum lectionum messem ex eo agro expectandam fuisse qui supplementum tulerit codici Ω prorsus

41 Cum nullam omnino hoc loco lacunam esse contendisset Th. Mommsen, *Zeitschrift für die Alterthumswissenschaft* 3 (1845) 1091–5 = *Gesammelte Schriften* III (Berolini 1907) 552–4, optime demonstrauit B. Kübler, *Zeitschrift der Savigny-Stiftung für Rechtsgeschichte, Romanistische Abteilung* 14 (1893) 63–5, non posse fieri quin lex aliquo modo absentis defensionem respexerit. De formula tamen uide disputantes hinc Mommsen et Kübler, illinc O. Lenel, *Das edictum perpetuum*, ed. alt. (Lips. 1907) 400, et V. Arangio-Ruiz, *Marco Tullio Cicerone: Le orazioni* I (1964) 21–2. Etiam magnam illam capituli 85 lacunam mire repudiauit Mommsen, pp. 1099–1100 = 557–8, quem ne hoc quidem excusat quod adhuc latebant fragmenta a Seueriano citata; cf. E. Fraenkel, *Hermes* 60 (1925) 433 n. 1 = *Kleine Beiträge zur klassischen Philologie* (Romae 1964) II 436 n. 1.

42 I. G. Huschkius, *Analecta litteraria* (Lipsiae 1826) 166–7 ad locum.

42a Monet me interim uir doctissimus C. J. Classen iam in commentis Latomi Toxitae Curionis, quae Basileae anno 1553 una prodierunt (Latomi autem scholia inde ab anno 1539 imprimebantur), aliud ab alio supplementum fingi lacunae, Curionem etiam Digestorum locum quem attulit Mommsen afferre; sed ipsa Hotomani uerba ne apud hos quidem inuenio.

ignotum; ut enim eas praeteream lectiones quas ideo tantum ex codicibus suis affert quod in impressos recentiores error irrepserat, non nisi has inuenio codicibus manu scriptis seu diserte seu per circuitum tributas:

4 post *in consilio* 'libri manu scripti' *assunt* potius quam *adsunt* (*assunt* uel *adsunt* Clarkii c, ed. Rom.[43]: *sunt* Ω); sed infra (post *qui tibi*) *assunt* mg. pro *adsunt* (uel hoc uel illud Ω)

17 'manu scripti libri partim *ad Castoris,* partim *ad Castoris templum*' (illud Ω: hoc Vat. Pal. Lat. 1476 et alii codicis F nepotes)

25 'uetus' *testificatur iste* (Clarkii Σ: *-antur iste* Ω: *-antur isti* F²L²Φ)

28 'consultis antiquis exemplaribus hanc lectionem in omnibus sine ulla uarietate reperi, ... *contra ius consuetudinem edicta*' (Ω: *ius* ⟨*et*⟩ edd. Ven. et Rom., *edicto* Clarkii Σ, edd. Ven. et Rom.)

28 'alii innumeri *id modo et ratione,* quod et sensus repudiat et optimi mei codicis auctoritas' (Ω: *id* del. Angelius)

30 'alii nonnulli' *quoniam eius* (Ω: *cuius* Manutius in ed. Ven. 1540)

30 'quibusdam in libris' *possessa non essent* (Ω: *possessa essent* Clarkii c, Angelius)

38 *quicum contraxisset* '... ueterum auctoritas omnium librorum ...' (Ω: *qui contraxisset* Φ, ed. Ven.)

39 'alii omnes' *pudenter* (Ω: *prudenter* ed. Ven.)

41 'omnes prope libri ueteres' *annum plus* (*plus annum* ΔL: *plus anno* Φ: *anno plus* ed. Rom.: *annum plus* nusquam uidi)

49 '... uetusti codicis auctoritas' *altiores* (*alterius* Ω)

49 'nonnulli codices' *mandatur* (Ω: *amandatur* Manutius)

50 *certe* 'ab omnibus abest antiquis exemplaribus' (ΔL, edd. Ven. et Bonon.: hab. Φ, ed. Rom.)

50 'impressi nonnulli ...' *indicitur* (CHLΦ, ed. Rom.: *dicitur* E: *ducitur* F², edd. Ven. et Bonon.)

53 'uidi multos codices manu scriptos in quibus omnibus,

43 Ex editionibus quae Hotomani aut editionis Parisinae anni 1543 lectiones habent antiquissimas laudo, ceteras taceo.

extra unum antiquissimum, ita legitur, *si dupondius tuus gereretur*; in altero, *si dupundius unus ageretur*' (illud F[2]: *si dupundius tuus ageretur* Ω)

56 'omnes libri ueteres ...' *atque inaudita* (ΔL, edd. Ven. et Bonon.: *et inaudita* Φ, ed. Rom.)

58 'omnes tum manu scripti tum impressi ueteres' ... *cum primis* (Ω: *in primis* ed. Ven.) ... *prosecuti sunt familiares et Albium et Quinctium* (F[2]L[2], ed. Ven. 1519: *profecti ... albium et Quinctium* Ω, edd. Ven. et Bonon.: *profecti ... Albii et Quinctii* F[2], ed. Rom.)

64 'in omnibus antiquis libris ...' *tribunos* (F[2]Φ, edd. Ven. et Bonon.: *tribunus* Δ: *a tribunis* L: *ad tribunos* Clarkii c, ed. Mediol. 1498)

64 ⟨*omnia*⟩ *fortunarum suarum* 'in libro uetustissimo'

66 *iudicium* '... omnium librorum ueterum auctoritas' (Ω, edd. Ven. Bonon. Rom.: *iudicio* L, ed. Ven. 1480)

69 'omnes quos uidi ueteres et scripti et impressi' *erat* ⟨*enim*⟩ (F, edd. Ven. Bonon. Rom.)

69 aliud quam *cederet* 'omnes ... quos uidi libri' (*cederet* Clarkii c, ed. Mediol. 1498: *ueret* Ω: *uereretur* edd. Ven. Bonon. Rom.: *haereret* Naug.)

72 'ueteres nonnulli' *ut eorum* (ΔL, edd. Ven. et Bonon.: lac. + *eorum* Φ: *quorum* Laurentiani 48.18 apographon deperditum, ed. Rom.)

77 'nonnulli' *et eum* (dett.)

79 *nimium* 'libri ueteres' (dett., ed. Rom.)

85 *uis non afferatur* 'uetus codex' (*non* pro *ne* F, ed. Ven.; *auferatur* FΦ, impressi omnes).

Itaque praeter supplementum illud capituli 60 quattuor ex peruetusto uel optimo suo, si idem est, diserte affert lectiones quae neque in Ω fuerunt neque ex codicibus aliunde sunt notae: 28 *[id]*, 49 *altiores*, 53 *unus*, 64 ⟨*omnia*⟩ *fortunarum suarum*. De his igitur quomodo iudicandum est? Incommodum illud *id* iam Angelium uidimus sustulisse, sed pari iure *ita* uel *ea* scribi potest; ineptissimam lectionem *altiores* cur in codice aliquo peruetusto putemus fuisse nihil est praeter meram Hotomani affirmationem;[43a] numerosius fortasse *unus* quam *tuus*, sed sensus idem fere[44]. Restat locus uexatissimus, in codice Ω sic traditus:

> ... *ei misero absenti ignaro fortunarum suarum omnia uitae ornamenta per summum dedecus et ignominiam diripi conuenire.*

Dubiae Latinitatis esse *fortunarum suarum* pro *fortunae suae* uidit Ernesti, et alibi in Quinctiana *fortunae* Quinctii bona sunt. Arripiamus igitur Hotomani illud ⟨*omnia*⟩ *fortunarum suarum.* Quid tum? utrum ex his Tulliane dici affirmabimus: *omnia fortunarum suarum* pro *fortunas suas omnes* an cum Ernestio *omnia fortunarum suarum ornamenta,* quas tamen ipsas *uitae ornamenta* hoc loco appellat orator? Mihi quidem neutrum uidetur, sed persuasum habeo excidisse aut accusatiuum qualis est *omnem apparatum* aut genetiuum qualis est Schützii coniectura *periculi* iniuria ab editoribus spreta. Quid igitur de codice illo putem nescio. Nam ad hoc crimen nimis saepe confugitur, uiris doctis tunc moris fuisse ut coniecturis suis antiquos praetenderent codices; sed uereor ne qui ex his quinque lectionibus optimum aliquem ac uetustum codicem efficiet adulescentulum illum delicatum aemuletur qui in litore ambulans scalmum repperit ob eamque rem aedificare nauem concupiuit. Denique si accurate ubique Hotomanus libros suos contulisset, ex capitulis 50 et 53 colligere oporteret codicis F tantum progeniem illi notam fuisse, ex capitulis 58 et 69 ueteres saltem codices eius ab

43a Nunc demum inter lucubrationes Basileae anno 1539 editas Bartholomaei Latomi scholium uideo *'altiores opes* legendum'.

44 Immo praeferendum est *tuus* si recte interpretatur Gruterus 'qui scilicet tibi prouenire solebat ex praeconio'; sed quem auctorem habuerit nescio.

F pependisse; sed quae ad capitula 4 30 41 49 79 dicit negligenter eum et saltuatim aut libros contulisse aut collationibus suis usum esse demonstrant. Ad rem diiudicandam adiumento esse poterit aut editionis Parisinae 1543 exemplar Hotomanianum, quod qui mihi indicarit ubi gentium lateat editionis nostrae exemplar praemium capiet[45], aut quae ad ceteras affert orationes quae eodem uolumine comprehenduntur; sunt autem eae quas pro Roscio Amerino, pro Roscio comoedo, in Verrem, pro Fonteio, pro Caecina, pro lege Manilia scripsit. Hactenus de Hotomani uetusto. Porro ad magnam illam capituli 85 lacunam, quam amissis foliis natam esse iam supra dixi, haec eius uerba sunt: ‘uidi librum manu scriptum, non peruetustum, in quo ad marginem sic scriptum esset: *Hic in uetusto exemplari duo folia erant abscissa*’. Valde doleo talem me librum non repperisse; nam ne integrum adhuc Vaticanum L ob oculos Hotomanum habuisse credamus, in quo olim aliquid ad hunc locum scriptum fuisse iam monui, non constat eum aut Romae umquam aut omnino in Italia fuisse, sed Parisiis natus Lugduni aliquamdiu uixit, deinde Lausannae. Si igitur de hoc saltem codice illi fides, aliquem uidit hodie quidem ignotum, recentiorem sed ex ipso Ω fortasse descriptum.

Obscurus Hotomanus: Lambinus obscurior. Ille enim non modo in notis uerum etiam ad marginem textus indicauit ubi aut quomodo a Stephani editione recedendum esse censeret, hic in editione Parisina anni 1565 nec quam editionem sequatur nec quid quemadmodum quo auctore mutet ad marginem usquam aut constanter in no-

45 Duo huius editionis exemplaria Parisiis in Bibliotheca Nationali extare quae notas manu scriptas habeant auctor est catalogus librorum impressorum; sed illud quod numero Rés. X 2286 signatur in Quinctiana nullas omnino habet, alterum multas quidem sed quae huc non pertinent (cf. n. 17).

tis dicit. Recte Orellius: 'illud magno opere dolendum est, quod quae leuiora ipsi uiderentur aut cuilibet perspicua in adnotationibus haud tetigerit, ita ut permultis in lectionibus quas exhibet solus prorsus nescias utrum e coniectura sint profectae an librorum auctoritate nitantur'[46]. Exemplum dabit capitulum 4, ubi quod in textu habet ⟨*me*⟩ *deficit* de caelo deuolauit, aut capitulum 7, ubi *florentissimos* Hotomani coniecturam esse pro uulgata lectione *fortissimos* non minus in notis dicendum fuit quam pro *ornatissimos* duo codices habere *horrentissimos*, unde Ranconnetum *potentissimos* legendum suspicari[47]. Veniam igitur a me quidem facile impetrat quisquis in editione altera anni 1572 nouas Lambini lectiones e textu exterminatas ad marginem relegauit, modo indicasset quo rediretur. Si uero quaerimus quomodo se uir magnus ad Ciceronis emendandi munus accinxerit aut quae tumultus illius causa fuerit, sic in Lucretii sui praefatione Kal. Sext. anni 1563 scripta Erricum Memmium alloquitur:

> 'Itaque mihi, quem ... scis nouam omnium M. Tullii scriptorum editionem omnibus suis numeris et partibus perfectam atque expletam meditari, iampridem tria uetustissima atque emendatissima omnium M. Tullii operum exemplaria ultro detulisti currentemque ut aiunt incitasti, neque uero id solum fecisti sed etiam ... scripturas omnes inter se dissimiles atque a uulgata

46 Vide editionem eius, II i (Turici 1826), ix. De ipso Lambini textu silet Fr. Nic. Klein, *Dionysii Lambini Tullianae emendationes* (Confluentibus 1830).

47 Pro *horrentissimos* potius quam pro *fortissimos* illud suum *florentissimos* scribere uoluisse Hotomanum sunt qui perperam affirmant marginem editionis Parisinae anni 1572 secuti. Consulendus est ipsius *Obseruationum liber primus* (Basileae 1560), cap. 39.

> lectione discrepantes ad oram unius exempli typis excusi partim tua partim tui librarii manu adscriptas mihi commodasti.'

In ipsius deinde Ciceronis praefatione ad lectorem Id. Febr. anni 1566 scripta sic disserit:

> 'Ita partim mea sponte partim auctoritate quum aliorum non paucorum tum uero Errici Memmii u.c. adductus, quum praesertim Memmius magna mihi librorum manu scriptorum non modo suorum uerum etiam alienorum et commodato rogatorum copia suppeditata maximam mihi ad hoc negotium conficiendum facultatem daret, nonnullos etiam meo Marte nactus essem, alios ab Ioanne Huralto ..., alios ab Ioanne Tilio ..., alios a Nicolai Clerici ... heredibus, alios ab Iacobo Cuiacio ..., alios ab aliis, ad rem suscipiendam ... aggressus sum. Biennium cum anno dimidio et paullo amplius partim in consulendis antiquis exemplaribus (cuius tamen rei onere et molestia magnam partem me leuauit Memmius, duobus iuuenibus eruditis et oculatis qui omnes ueteris scripturae dissimilitudines fidelissime ex libris antiquis expressas atque effictas ad oras duorum librorum uulgatorum ascriberent impenso conductis), partim in uno exemplo Ciceronis quod sequeretur typographus meo arbitratu concinnando adornando et apparando, partim in conscribendis emendationum rationibus, partim in toto Cicerone typis excudendo consumptum est, quum ab eo die quo die editio coepta est quotidie pericula secunda (sic enim appello ea folia quae non serio sed periclitandi gratia litterarum typis exarantur atque excuduntur) inspicerem atque emendarem.'

Vides igitur multa potuisse fieri: ut oculati iuuenes non semper accurate indicarent quid liber quisque haberet, ut Lambinus ipse non semper congeriem illam lectionum recte interpretaretur, ut nonnulla in exemplum suum sine fontis transferret indicio (nam typographum quidem quamuis male ab editore mulcatum excusare debet errorum quos ipse ille ad calcem uoluminis cuiusque correxit numerus satis paruus). Horum aliquid re uera in capitulo 30 factum est, ubi Hotomani ingenio debentur uerba *aut satisdare aut,* quae ante *sponsionem* teste Lambino habuit unus codex manu scriptus. Neque hoc solum inter ea quae in notis affert cum Hotomani copiis quadrat. Ad capitulum enim 53 lectionem *dupondius unus* 'in codicib. manusc.' repperisse se scribit, et in capituli 60 lacunam subiectis in textu uerbis *Dici hoc de P. Quinctio non potest. QVI ABSENS IVDICIO DEFENSVS NON FVERIT* sic in notis loquitur: 'haec ... desiderantur in omnibus libris uulgatis, restituimus autem in manuscriptis reperta; neque tamen reperimus ea Ciceronis uerba quae testatur Hotomanus se una cum uerbis edicti reperisse, *ne hoc quidem* [immo *ne id quidem*], neque uero sunt necessaria'. En uno ictu omnia illa sublata quae mihi in uerbis *ne id quidem* suspicionem mouebant! Illud tamen libet quaerere, cur neque Hotomanus nec Lambinus magnam illam capituli 85 lacunam, quam in Ω natam esse contendi, ex eisdem codicibus expleuerit. An non erant integri sed fragmenta tantum? In medio rem relinquam, ita tamen ut codicibus istis aditum in apparatum negem.

Nemo postea codicem qui non ab Ω penderet aut inspexit aut inspexisse se dicit donec anno 1820 uir egregius Amedeus Peyron P illum Taurinensem protraxit in lucem, librum palimpsestum, qui qualis fuerit satis iam in principio huius praefationis exposui. Casu puto factum quod in capitulo 69 codicis P lectionem *faueret* pro corrupta *ueret* iam Vrsinus in notis Ciceronianis anno 1581 editis ex libro uetere protulerat; nam nonnullae eius libri lectiones, si unus fuit, in familia demum γ natae sunt, uelut in capitulo 30 *excedunt* pro *excellunt*, in capitulo 73 *possessores* pro *sponsores*, et in codicibus meis, licet *faueret* nondum uiderim[48], saepius emendatur *ueret* quam relinquitur.

Hi igitur sunt qui codicibus nunc deperditis aut usi sunt aut usos se esse profitentur. Editorum tamen nullus codicum ope plus praestitit quam Gruterus, qui octo Palatinos et unum suum contulit (hic autem aeque nunc Palatinus est, numero 1490 notatus) codicisque Σ Clarkiani collationem adhibuit a Gulielmio factam; nam ut de Σ taceam, inter Palatinos eius non solum multi erant qui ex F nostro originem ducunt, uelut 1476 et 1481, sed etiam familiae β 1483 et 1486, familiae γ 1480. Itaque omnium prima Hamburgensis editio anni 1618, si non ubique, at locis plurimis quid in codicibus traderetur, quid in impressis nouatum esset ostendit; quod tamen Grutero contigisse ne ipse quidem scire poterat, cum tot codices adhuc inexplorati iacerent. Accesserunt in editione Oxoniensi anni 1783 lectiones codicum sex domesticorum, degenerum omnium aut ex contaminatione natorum. Apparatum criticum hodierni fere generis primus edidit Io. Casp. Orellius Turici anno 1826, sed ex editionibus sumptum. Ibidem anno 1842 prodire coeperunt F. Kelleri *Semestrium ad M. Tullium Ciceronem libri sex,* quorum primus post luculentissimam de Quinctianae argumento locisque

48 Ab altera manu in codice Helmstadiensi scriptum inueniri refert R. Klotz in editione anni 1852; quem codicem cum hoc loco non inspexerim, manus illa cuius aetatis sit nescio. Praeter descriptionem Rizzianam uide etiam M. Regoliosi, 'Jean Jouffroy e il manoscritto Wolfenbüttel, Herzog-August-Bibliothek, Helmst. 304', in *Lorenzo Valla e l'umanesimo italiano,* ed. O. Besomi et ipsa Regoliosi (Patauii 1986), 258–63.

singulis disceptationem lectiones Bernensis et Parisinorum tredecim praebet. Illum B uocat, Parisinos sub his notis laudat:

a	=	7788	f	=	7778	k	=	7779
b	=	7784	g	=	16228	l	=	7781
c	=	7780	h	=	6369	m	=	7782
d	=	16226	i	=	7777	n	=	7824
e	=	7774						

Assunt hic familiae *a* inter alios FG nostri et codicis Σ gemelli Bh, apographa i et n; nec praetereundus aut e, Florentiae circa annum 1475 scriptus, familiae *β* cum *γ* contaminatae et coniecturis ditatus quas ex Poggii bibliotheca prouenisse contendi, aut k, idem ille quem sub hac nota adhibuit Clarkius, familiae *γ* leuiter cum *a* contaminatae et ut supra uidimus coniecturarum Mediolanensium plenus. Quae refert Kellerus raro fidem fallunt, sed complura neglexit, uelut in capitulo 49, ubi lectio *suis quidem,* quae in Δ nostro orta per omnes familiae *a* riuulos fluxit, f soli tribuitur. Hac lectionum copia usi sunt I.G.Baiterus in editione altera Turicensi, quae anno 1854 prodiit, omnium adhuc utilissima, et Clarkius anno 1909 tam in editione quam in libello de Italorum inuentis Anglice scripto[49]. Post Clarkium nemo quod sciam Quinctianae codicibus uel minimum laboris impendit; sed bene eam quatenus in hac ignauia licuit Lipsiae anno 1922 edidit Alfredus Klotz. Versione Gallica instruxit anno 1921 H. de la Ville de Mirmont, Anglica anno 1930 J. H. Freese, Italica anno 1964 uir iuris peritissimus V. Arangio-Ruiz atque iterum anno 1978 Ioh. Bellardi, Germanica anno 1970 M. Fuhrmann[50], commentariis anno 1907 W. Oetling et anno 1971 T. E. Kinsey.

49 Vide *Anecdota Oxoniensia* 11 (1909) 3–9.
50 Paenitet me hanc non uidisse.

Nunc quomodo hanc editionem pararim breuiter exponam. Anno 1983 codices inspexi paene omnes quos aliquas nostri orationes praeter Verrinas Catilinarias Caesarianas Philippicas praebere compereram, sed Caelianae et aliis intentus non multum enotaui quod ad Quinctianam aut Valerianam pertineret[51]. Postea tamen, cum etiam his operam dare inciperem, uiam ingredi potui uetere meo labore munitam. Posita igitur ad laeuam machina qua imagines perlucidas legerem, ad dextram uerborum ordinatrice, descripsi Poggianum, descriptum chartae mandaui, in marginibus chartae alios codices contuli, primum nonnullos quos imaginibus iam expressos habebam, uelut Parisinum **F** et Neapolitanum IV B 7, deinde Oxonii Florentiae Romae Parisiis qui maioris momenti uidebantur; quorum necessitudinibus quoad fieri potuit enucleatis restabat ut primarii cuiusque imaginem nactus siquid me dum ipsos confero forte fugisset postliminio recolligerem. 'At in plurimis' inquis 'Quinctianam ne uidisti quidem, nedum contulisti, uelut in Ambrosianis, quos constat interim clausos tenebris et carcere caeco iacere'. Ita est, sed hos omnes primo statim obtutu aut origo aut aetas aut aliarum orationum contubernium damnat. Ad ordinatricem igitur reuersus Poggiani textum ex ceteris primariis corrigo, apparatum criticum instruo, orationem attentius lego, ubi non intelligo ita ut intelligi possit emendo.

51 Quid me temporibus illis de orationum codicibus crederem comperisse dixi in *Texts and transmission*, ed. L. D. Reynolds (Oxon. 1983), 54–98 (de Quinctiana et Valeriana pp. 87–8); 'A lost manuscript of Cicero's *Verrines*', *Revue d'Hist. des Textes* 12–13 (1982–3) 381–5; 'Before and after Poggio: some manuscripts of Cicero's speeches', *R.I.F.C.* 112 (1984) 266–84; *Class. Rev.* 98 (1984) 40–43 in recensione catalogi Rizziani; 'Missing passages of *Pro Flacco*', *Revue d'Hist. des Textes* 14–15 (1984–5) 53–7.

In apparatum non ea tantum quae duorum hyparchetyporum consensu nituntur recepi uerum etiam testis sincerissimi Δ lectiones omnes praeter omissiones, quas supra p. XII recensui (tollendae autem eae quae in Petrarcae demum codice ortae sunt, quae quot sint ex p. XVIII disci potest). Pro erroribus plerumque aut coniecturis habui codicum L et Φ lectiones singulares, quas tamen omnes in aliqua huius uoluminis parte affero; nam errorum genera nonnulla iam supra tractaui (pp. IX–X, XXI–XXII, XXIV), siquid aut in codice Ω aut in ipso Ciceronis chirographo fuisse credibile est in apparatu cito, cetera in appendicem relegaui (pp. 51–2). Vbicumque codicem L aut Φ bonam coniecturam praebere, ceteros codicis Ω lectionem seruasse existimabam, id in apparatu indicari his modis potuit:

hoc L^{2}Φ: *illud* ΔL^1	*hoc* L^{2}Φ: *illud* Ω	*hoc* L^{2}Φ: *illud* Ω (ΔL^1)

Tertium praetuli; nam ut paulo plus exigit spatii, ita obscuritatis caret uitio. Vbi eandem coniecturam corrector F^2 aut coniecturarum Gallicarum fons ζ uel η praebet, agmen is ducet ut qui codices **LXY** aetate antecedat (nam de ipsius **Φ** aetate non constat)[52]. De codice deperdito P hoc tenendum est, Quinctianae fragmenta non exscripsisse inuentorem Peyron sed cum editione Patauina

52 Vaticano L uetustiorem esse codicem Σ nondum pro certo affirmare possum; cf. n. 15. Notandum est Iohannem de Monsterolio, Nicolai de Clemangiis amicum studiorumque participem, anno 1412 Romae cum Leonardo Arretino familiariter esse uersatum et Nicolao de Nicolis ab hoc commendatum esse cum initio anni sequentis Florentiam pergeret; uide epistulam Leonardi IV 2, ed. L. Mehus (Florentiae 1741), una cum obseruationibus Georgii Voigt, *Die Wiederbelebung des classischen Alterthums*, ed. 3 (Berolini 1893) II 346.

anni 1753 contulisse utpote peruagata (hodie autem admodum rara est) nec temerariis ut ait neotericorum emendationibus perturbata. Ex silentio igitur eius uereor ut quicquam colligi possit; nam ut iam praeter auersam folii 83 paginam, quam legi nequisse commemorat, ceteras ei contigerit a capite ad pedem legere, tamen nescimus qua diligentia legerit. Quo magis dolendum est quod nemo ex eis qui codicem postea inspexerunt folia illa aut imagine expressit aut denuo contulit. Itaque eas tantum codici P tribuo lectiones quas testatur Peyron ab editione Patauina discrepasse, ita tamen ut omnes eius cum Ω contra editionem consensus notem.

Praeter longiorem illam in capitulo 85 lacunam satis bene conseruatus esse textus uidetur neque aut ante aeuum Carolinum aut postea a librariis deprauatus esse Latine parum doctis. Voces nonnullas interpretationis gratia ab antiquis lectoribus additas in textum irrepsisse crediderunt prae ceteris Kayser atque Hartman, hic id genus praesertim quod ad nomina pertinet, uelut in capitulo 8 *qui hoc iudicio partes accusatoris obtinet,* in capitulo 61 *Sex. Alfenus,* in capitulo 83 *procurator P. Quincti*; cui bene in apparatu aliquot locis respondit A. Klotz. De coniecturarum auctoribus falsa non raro referunt editores, nec mirum; nam magna ex parte iam ante editionem Gruteri in libris saepe nunc repertu difficilibus prodierunt, neque editiones si uariarum lectionum supellectili carent operae pretium est ut totae conferantur. Nihil igitur me fugisse sperare non audeo. Earum coniecturarum quas deteriores codices praebent fontes quotiens possum cito potius quam antiquissimos testes, sed casu in multas incidi. Nonnullas in codicibus inueni quae recentioribus ingeniis solent tribui, ut in capitulo 5 *[est]* (Naugerius), 9 *quid* (Naugerius), 13 *quodcumque* (Baiter), 44 *numquid* (Naugerius), 47 *se dedat* (R. Klotz), 51 *commemorari* (Madvig), 64 ⟨*acceperit*⟩ (Naugerius), 71 *-endae* (Naugerius), 75 *haec* (Naugerius), 79 *ais* (Garatoni), 81 *festinatio* (Angelius), 84 *defenderit* (R. Klotz). Tanta hic Naugerii ciuis Veneti cum Palatino Lat. 1484 Venetiis scripto concordia est ut hoc uel simili codice uideatur usus, itemque Parisino Lat. 7779 uel simili quodam usum esse Angelium obseruauit Clarkius.

De orthographia et de clausulis minus fortasse quam oportuit deliberaui[53]. Clausulas quidem quam constanter adhibuerit nouicius orator incertum est; nam postea sine dubio non *cum aduersario gratiosissimo contendat* scripsisset, ut in capitulo 2 traditur, sed *cum aduersario contendat gratiosissimo,* et multa sunt in qualibet parte orationis ubi frustra usitatiorem clausulam quaeras. Codicis Ω interdum hanc esse culpam inde apparet quod meliorem praebet clausulam in capitulo 4 Quintilianus, in capitulo 68 codex P palimpsestus. Nihil tamen numerorum causa nouaui, nec cum inter *atque* et *ac, ante* et *antea, nihil* et *nil, deprehendere* et *deprendere,* et cetera eiusmodi eligere deberem, aliud quicquam quam codicum auctoritatem secutus sum; quam tamen interdum nullam esse ostendunt compendia qualia sunt *nȝ* et *nł.* In orthographia quoque quanti ualeant singuli codices exemplo erit codex F, cuius corrector formas quales sunt *adrogabo* ubique in *arrogabo* mutauit; unde apparet aut correctorem ipsum aut codicis E librarium non exemplari sed arbitrio suo esse obsecutum. Studiosos harum elegantiarum ad indicem orthographicum remitto, ex quo satis habuisse me discent ea quae medium aeuum redolerent expellere, inuitis co-

53 De rebus orthographicis quatenus ad clausulas pertinent uide T. Zielinski, 'Das Clauselgesetz in Ciceros Reden. Grundzüge einer oratorischen Rhythmik', *Philologus Supp.* 9 (1904), 759–75 'Orthographisches und Prosodisches', 778–9 ad aliquot Quinctianae locos.

dicibus *dis* pro *diis, ei(s)* si uideretur pro *hi(s)* uel *hii(s), -i* pro genetiuo *-ii, relicuus* pro *reliquus, rettuli* pro *retuli* scribere, in ceteris rebus codicem Ω uel aliquem ex primariis ducem sumere. Qui antiquiores scribendi consuetudines poscet codicis P fidem extollat et in capitulo 68 *quiquom* nobis ingerat.

Codicum distinctiones, exceptis fortasse eis quae ad capitula pertinent, interpretationis uel coniecturae loco sunt habendae. Has igitur simul cum lectionibus notare tum cum codices conferebam nimis operosum putaui, postea praeterquam in primariis inspicere longe operosius futurum fuit. Nec semper ita facile intelligo quid sibi uelint codicum uel ueterum editionum distinctiones. Quod enim ad pronuntiationem saltem attinet, interest aliquid inter *De saltu deicitur Quinctius: quo die?,* ut in capitulo 79 scribi solet, et *De saltu deicitur Quinctius quo die?,* ut a Kaysero scriptum est; quid uero sibi uelit *De saltu deicitur Quinctius, quo die?,* ut est in priore Naugerii editione, id tunc demum sciam cum typographorum ueterum aut huius typographi mores cognouero. Etiam hoc coniecturarum genus auctoribus suis tribui debere concedo, neque inanis diligentiae ducam si quis ostenderit rectius alicubi in codice nescioquo quam in quaquam editione distingui; malui tamen aliis rebus uacare. Id quoque de distinctione statuendum fuit, utrum syntacticas quae uocantur necessitudines an numeros oratorios sequerer. Hos ut praeferrem hortatus est uir elocutionis Tullianae peritissimus R. G. M. Nisbet, prudenter fortasse sed frustra; nam praeterquam quod in Quinctiana mihi quidem ut dixi saepe incerti uidentur, ipsi sicubi praesto sunt ultro percipi possunt nec nisi apud imperitos adiumento egent distinctionis, quae recentioribus demum temporibus inuenta ita hodie adhiberi solet ut necessitudines syntacticas indicet. Nec tamen sollemnes in Germanico sermone distinctiones Latino ut uulgo fit imposui[54].

Ciceronis scripta primus in capitula digessit Robertus Stephanus in editione Parisina anni 1539 (in Quinctiana autem numero 66 erant), breuiora illa quae nunc in usu sunt statuit Alexander Scotus in editione Lugduni annis 1588–9 a Ioh. Pillehotte impressa[55], longiora praetulit Gruterus, qui Scotum fortasse non norat; sunt tamen qui haec capitula, illa paragraphos aut sectiones uocant. Obsoleuerunt iam Gruteriana sed ab auctoribus saeculorum xvii xviii xix saepius citantur quam ut omitti sine incommodo possint. In Quinctiana religiosius horum quam illorum confinia seruauerunt recentiores editores; nam unius capituli XII Gruteriani initium paulum deflexerunt Turicenses (apud illum enim a uoce *Credamus* incipit, hic a uoce *Id*), in altero autem ordine seu casu seu consulto

54 Opinatur J. S. Phillimore, *The revival of criticism* (Oxon. 1919) 4, uictoriam Sedanensem editiones Teubnerianas uendidisse; quod utcumque se habet, certe illae Germanicas distinguendi consuetudines disseminauerunt. Totam hanc de distinctionibus quaestionem breuiter perstringit J. G. F. Powell, *Cicero: Cato Maior de senectute* (Cantabrigiae 1988) 50–51, qui numeris oratoriis aliquanto plus ponderis tribuit.

55 Basileae se hanc editionem uidisse dicit Orellius in editione priore, VI (Turici 1836) 206, et extare adhuc in Bibliotheca Publica Vniversitatis sub numero CB IX 39 certiorem me fecit uir doctus Andreas Cesana; duobus autem uoluminibus contineri orationes, tertio et quarto, illo anni 1588, hoc anni 1589. Neutrum agnoscit aut Baudrier, *Bibliographie lyonnaise* 2 (Lugduni et Parisiis 1896) 270, 273–4, 283, 293, aut *Index Aureliensis,* VIII (Aureliae Aq. 1989) 309–13. Celerius haec omnia de capitulis comperissem si in disputatiunculam Iohannis Glucker tempestiue incidissem, 'Chapter and verse in Cicero', *Grazer Beiträge* 11 (1984) 103–12; qui tamen neque ultra editionem Parisinam anni 1554 rem retexuerat neque editionis Lugdunensis exemplar inuenerat.

saepe uariatur. Ego praeterquam in capitulo 25 Turicenses sequor. Sunt tamen hi omnes meri numeri: ipsam orationis partitionem melius aliquot locis indicandam mihi reliquerunt priores editores, numeris illis fortasse decepti. Satis erit inspexisse capitulum 86, ubi qui apud recentiores in uerbo *Ostendi* simulque in ipso numero transitus fit, eum aliquanto post in uerbis *Ex edicto autem* faciendum fuisse nemo ut opinor negabit.

Opere absoluto superest ut grates agam eis qui mihi inde ab anno 1983 aut auxilium aut consilium praestiterunt: primum Vniuersitati Torontoniensi, Academiae Britannicae, Vniuersitati Cantabrigiensi, eiusdem Facultati studiis antiquitatis Graecae ac Romanae promouendis, quarum opibus aut codices inspicere aut imagines licuit adipisci; deinde innumeris bibliothecarum tam paruarum quam magnarum custodibus; porro Institutis illis Parisino atque Romano quae multorum codicum imagines aut possident aut olim possidebant (huius enim copiae nuper in Bibliothecam Nationalem transierunt), quorum utrumque peregrinos summa comitate ac beneuolentia excipere consueuit (uocatur autem uulgo illud *Institut de Recherche et d'Histoire des Textes,* hoc *Istituto Alfonso Gallo per la Patologia del Libro*); postremo amicis meis Aetio Ornato, qui tot codicum Tullianorum imagines possidet tantaque liberalitate Ciceronis amatoribus commodat ut siquis sine hoc adminiculo orationes eius edere aggreditur rudem se prorsus atque inornatum esse fateatur; W. A. Schröder Hamburgensi, qui de rebus Tullianis per litteras interrogatus numquam non promptissime exactissimeque respondit; R. G. M. Nisbet, qui textum nostrum una cum apparatu attente scrutatus multis de locis iudicium pronuntiauit nouasque hic illic coniecturas perpendendas obtulit; ante omnes autem Siluiae Rizzo, mulieri in primis sagaci atque eruditae, quae cum iam tribus egregiis operibus uiam mihi ceterisque monstrasset non grauata est mihi nascentis ac mox absolutae editionis suae copiam facere, Marciani imaginem commodare, de uariis rebus quae in hac praefatione tractantur seu coram seu per litteras obseruationes impertire uberrimas easdem ac diligentissimas. His igitur omnibus meritam gratiam memori mente persoluo.

Cantabrigiae in aula quam Petrarcae temporibus condidit Maria de Sancto Paulo comitissa Pembrochiae, die 9 Ianuarii anni 1992

Michael D. Reeve

TESTIMONIA

Tacitvs in Dialogo de oratoribus (ed. M. Winterbottom, Oxon. 1975) 37.6 *Non, opinor, Demosthenem orationes illustrant quas aduersus tutores suos composuit, nec Ciceronem magnum oratorem P. Quinctius defensus aut Licinius Archias faciunt: Catilina et Milo et Verres et Antonius hanc illi famam circumdederunt*

Gellivs (ed. P. K. Marshall, Oxon. 1968) 15.28.3 dum errorem Nepotis de aetate qua Sex. Roscium noster defenderit improbat *Dinumeratis quippe annis a Q. Caepione et Q. Serrano, quibus consulibus ante diem tertium Nonas Ianuar. M. Cicero natus est, ad M. Tullium et Cn. Dolabellam, quibus consulibus causam priuatam pro Quinctio apud Aquilium Gallum iudicem dixit, sex et uiginti anni reperiuntur.* Auctorem uidetur habuisse Asconium, quem paulo post errorem Fenestellae de Roscii defensione animaduertisse dicit (cf. etiam Quint. 12.6.4).

Fortvnatianvs in Arte rhet. (ed. Lucia Calboli Montefusco, Bonon. 1979) II 20 *Ananeosi utemur qua nobis ad argumentationem iudices praeparemus ad prooemiorum modum, ut fecit Cicero pro Quintio et pro Caecina.*

Martianvs Capella De rhet. (ed. C. Halm, Rhetores Latini minores, Lips. 1863, 487.30–488.18) *Partitio est quae ordinem totius diuisionis breuiter comprehendit, ut est pro Quintio* (inde a cap. 36) *'negamus te bona Publii Quintii possedisse ex edicto praetoris'. Et primo sic incipit, nullam causam fuisse postulandae proscriptionis; huic subicit nec ex edicto possidere potuisse; ad extremum nec possessa esse.*

'Haec' inquit 'tria cum docuero, perorabo'. Animaduertis corpus totius orationis per haec liniamenta digestum esse ... Tullius in eadem Quintiana sic partitus est ut singula capita plures quaestionum articulos continerent. Etenim primum illud, non fuisse causam postulandae proscriptionis, uide quanta contineat: quod pecunia debita Sexto Naeuio non fuerit et aliter agi oportuerit, quod Quintius uadimonium non deseruerit; secundum †quem ex edicto possidere non potuerit†, quod et procuratorem habuerit et absens defensus sit et non latitauerit et ceteri creditores quieti sint, et quod ante missum sit ut fundo communi expelleretur quam proscriptio eius imperaretur, et quia ui de †uita† sit eiectus contra quam praetor iusserit.

VICTORINVS In rhet. Cic. I 26 (Halm 223.3–4) *Deinde interuallum inspiciendum est, ut in Quintiana* (78–81) *septingenta milia biduo esse decursa.*

SCHOL. GRON. D ad orat. pro Sex. Rosc. 59 (Th. Stangl, Ciceronis orationum scholiastae II, Vindob. et Lips. 1912, 309.26–7) *Ceterum priuatas dixerat, ut Quintianam et ceteras.*

Sunt etiam qui sub textu citantur, ex his editionibus sumpti:

Aquila Romanus, ed. Halm
Arusianus, ed. Adriana della Casa (Mediol. 1977)
Augustinus De consensu euangelistarum, ed. F. Weihrich, *C.S.E.L.* 43 (1904)
Charisius, ed. K. Barwick (Lips. 1925); pauca adiunxit uel correxit F. Kühnert (Lips. 1964)
Grillius, ed. J. Martin (Paderb. 1927); adhibui etiam Parisinum Lat. 15086 saec. xii, de quo uidendus P. Courcelle, *Revue de Philologie* 29 (1955) 37 n. 8
Macrobius, ed. P. De Paolis, *Macrobii Theodosii De uerborum Graeci et Latini differentiis uel societatibus excerpta* (Vrbini 1990)
Martianus, ed. Halm

Quintilianus, ed. M. Winterbottom (Oxon. 1970)
Rufinianus, ed. Halm
Seruius in Verg., ed. G. Thilo et H. Hagen (Lips. 1878–87)
Seuerianus, ed. Halm
Victorinus, ed. Halm

In codice Rauennati Bibl. Class. Mob. 3 4 O (1) conseruatur Gasparis Garatonii *Locorum ex orationibus Ciceronis apud Rhetores, Grammaticos, aliosque antiquos exstantium accurata recensio,* qua usus est Baiter. Vide praesertim ad capituli 85 lacunam.

OPERA IMPRESSA QVAE IN APPARATV CITANTVR

Temporis ordinem quoad constat sequor. Editiones saeculi xv recenset *G. W.*, id est *Gesamtkatalog der Wiegendrucke,* 6 (Lipsiae 1934) sub numeris 6761-71, saeculi xvi *Index Aureliensis,* VIII (Aureliae Aq. 1989) 11–333.

ed. Rom. = editio Romana anni 1471 (*G. W.* 6761)
ed. Ven. = editio Veneta anni 1471 (*G. W.* 6765)
ed. Bonon. = editio Bononiensis his aliquanto recentior (*G. W.* 6764)
ed. 1498 = editio Mediolanensis anni 1498 (*G. W.* 6708)
ed. 1499 = editio Bononiensis anni 1499 (*G. W.* 6771)
Angel. = editio Nic. Angelii Florentina apud Iuntam anni 1515
Naug. 1519 = editio Andr. Naugerii Veneta apud Aldum anni 1519
ed. 1522 = editio Parisina anni 1522
ed. 1527 = editio Parisina anni 1527
Syluius = Fr. Syluius in commentario anni 1532
Naug. 1534 = editio Andr. Naugerii Veneta anni 1534
ed. 1538 = uariae lectiones ad editionem Venetam anni 1534 pertinentes quas ex Parisino exemplari Bibl. Nat. Rés. X 361 in usum Orellii exscriptas praebet editio prior Turicensis, II ii (1826) 612
Steph. 1539 = editio Roberti Stephani Parisina anni 1539
Latomus = Bartholomaeus Latomus in doctissimorum uirorum lucubrationibus Basileae anno 1539 editis
Manut. 1540 = editio Pauli Manutii Veneta anni 1540
Steph. 1543 = editio Roberti Stephani Parisina anni 1543
Hot. = Fr. Hotomanus in commentario anni 1554
ed. 1554 = editio Caroli Stephani Parisina anni 1554
Augustinus = Antonii Augustini coniecturae ineditae in codicis Vat. Lat. 3391 f. 123v conseruatae

Turnebus = Adr. Turnebus, *Aduersariorum tomus secundus* (Paris. 1565) XVIII 21

Lamb. = Dion. Lambinus in editione Parisina anni 1565

ed. 1572 = editio Parisina anni 1572

Manut. 1579 = Paulus Manutius in commentario (Colon. 1579)

Vrsinus = Fuluius Vrsinus, *In omnia opera Ciceronis notae* (Antw. 1581); cf. etiam annotationes eius in editionis Venetae anni 1559 exemplari Vaticano Ald. III 201

Muretus = M. Ant. Muretus, *Variae lectiones*, XVI, qui liber Augustae Vindelicorum anno 1600 prodiit (repetitur in ed. Ruhnkeniana operum Mureti anni 1789), cap. 19

Gulielmius = J. Gulielmius apud Gruterum in editione Hamburgensi anni 1618

Passerat = J. Passerat apud Graeuium

Graeuius = J. G. Graeuius in editione Amstelodamensi anni 1699

Facciolatus = Iac. Facciolatus, *Exercitationes in M. T. Ciceronis orationes II, pro P. Quinctio et pro Sex. Roscio Amerino* (Patauii 1723)

Lallemand = J. N. Lallemand in editione Parisina anni 1768, III p. 468

Ernesti = J. A. Ernesti in editione Halensi anni 1773

Garatoni 1777 = Gasp. Garatoni in editione Neapolitana anni 1777

Schütz = C. G. Schütz in editione Lipsiensi anni 1815

Garatoni = Gasp. Garatonii curae secundae, in codice Rauennati Bibl. Class. Mob. 3 4 N (13) conseruatae, in editione Turicensi anni 1854 delibatae

Peyron = A. Peyron, *M. Tulli Ciceronis orationum pro Scauro pro Tullio et in Clodium fragmenta inedita* (Stuttg. et Tubing. 1824) 214–16

Rau = S. J. E. Rau, *Disputatio iuridica inauguralis ad M. Tullii Ciceronis orationem pro P. Quintio* (Leid. 1825)

Orelli = Io. Casp. Orellius in editione Turicensi anni 1826

Madvig 1834 = J. N. Madvig, *Opuscula academica* (Hauniae 1834) 184

Wesenberg = A. S. Wesenberg apud J. N. Madvig, *M. Tulli Ciceronis de finibus bonorum et malorum libri quinque* (Hauniae 1839), ad 2.48

Madvig 1842 = J. N. Madvig, *Opuscula academica* II (Hauniae 1842) 222 n. 1
Mommsen = Th. Mommsen, *Zeitschrift für die Alterthumswissenschaft* 3 (1845) 1093 = *Gesammelte Schriften* III (Berol. 1907) 553
R. Klotz 1852 = R. Klotz in editione Lipsiensi anni 1852
Baiter = J. G. Baiter in altera editione Turicensi anni 1854
Halm = C. Halm ibidem
Madvig 1856 = J. N. Madvig ibidem in altero orationum uolumine, 1431–2, et in *Jahrb. für Class. Philol.* 73 (1856) 118–19, ubi tamen non omnia repetit
Buecheler = F. Buecheler, *Rhein. Mus.* 13 (1858) 601
Mueller 1860 = C. F. W. Mueller, *Coniecturae Tullianae* (Regiomonti 1860)
Kayser = C. L. Kayser in editione Lipsiensi anni 1861
R. Klotz 1862 = R. Klotz, *Adnotationes ad M. Tullii Ciceronis orationem Quinctianam* (Lips. 1862)
Madvig 1873 = J.N. Madvig, *Aduersaria critica* II (Hauniae 1873) 195
Lehmann = C. A. Lehmann, *Hermes* 14 (1879) 212–13
Mueller 1880 = C.F.W. Mueller in editione Lipsiensi anni 1880
Pluygers = W. G. Pluygers. *Mnem.* 8 (1880) 368
Madvig 1884 = J. N. Madvig, *Aduersaria critica* III (Hauniae 1884) 112
Kübler = B. Kübler, *Zeitschr. der Savigny-Stiftung für Rechtsgeschichte, Romanistische Abteilung* 14 (1893) 68
Hirschfeld = O. Hirschfeld in *C.I.L.* XIII 1 1 (Berol. 1899) 221 n. 2
Oetling = W. Oetling, 'Philologisch-juristischer Kommentar zu Ciceros Rede für P. Quinctius', *Festschrift zur Feier des 250jährigen Bestehens des Königlichen Gymnasiums zu Hamm i. W. am 31. Mai 1907* (Hamm 1907) 20–91
Luterbacher = F. Luterbacher in recensione operis modo memorati, *Jahresberichte des Philol. Vereins zu Berlin* 43 (1908) 215–30, p. 228
Clark = A. C. Clark in editione Oxoniensi anni 1909
Hartman = J. J. Hartman, *Mnem.* 44 (1917) 205–27
Havet = L. Havet, *Revue de Philol.* 45 (1921) 236
A. Klotz = A. Klotz in editione Lipsiensi anni 1922

Castiglioni = L. Castiglioni in recensione editionis Lipsiensis anni 1922, *R.I.F.C.* 52 (1924) 117–18

Kinsey = T. E. Kinsey in commento anni 1971

Watt = W. S. Watt, '*Enim* Tullianum', *C.Q.* 74 (1980) 120–23, p. 123

Shackleton Bailey = D. R. Shackleton Bailey, *Onomasticon to Cicero's speeches* (Stuttg. 1991²)

Nisbet = R. G. M. Nisbet per litteras (cf. p. LX)

Hand = F. Hand, *Tursellinus seu de particulis Latinis commentarii* (Lipsiae 1829–45)

K.-S. = R. Kühner, C. Stegmann, A. Thierfelder, *Ausführliche Grammatik der lateinischen Sprache* (Leverkusen 1955)

Lebr. = J. Lebreton, *Études sur la langue et la grammaire de Cicéron* (Paris. 1901)

CONSPECTVS NOTARVM

P = Taurinensis a II 2*, s. v, palimpsestus deperditus
Ω = recentiorum codicum archetypus deperditus, scriptura Beneuentana exaratus, ex ΔLΦ redintegrandus
  Δ = codicum CEH fons deperditus
    C = Venetus Marcianus Lat. XI 122 (4117), s. xiv^{2}; qui ubi deficit, succedit
      D = Vaticanus Palatinus Lat. 1478, a. 1413 scriptus
    E = Vaticanus Lat. 9305, s. $xiv^{3/3}$; qui ubi deficit, succedunt
      F = Parisinus Lat. 7778, s. $xiv^{4/4}$
      G = Parisinus Lat. 16226, s. $xiv^{ex.}$
    H = Vaticanus Ottobonianus Lat. 1710, s. $xiv^{ex.}$ uel $xv^{in.}$
  L = Vaticanus Lat. 2903, paulo ante a. 1415 scriptus
  Φ = codicum XY fons deperditus
    X = Laurentianus plut. 48.11, circa a. 1415 scriptus
    Y = Scorialensis R I 12, circa a. 1420 scriptus

H^1 et ceterae huiusmodi notae pristinum textum indicant, H^2 correctiones seu librarii seu cuiuscumque sunt, pro coniecturis plerumque habendas (uide praefationem). Codicis L correctiones sic indico:

L^2 = eae quae iam ante transcriptum Ottob. accesserunt
L^3 = eae quae ante transcriptum alterum saltem apographon accessisse uidentur
L^4 = eae quae post transcriptum demum alterum apographon accessisse uidentur
L^n = eae quarum aetas incerta est.

Coniecturas ex his quoque codicibus affero:

ζ = fons communis codicum Gallicorum omnium fere praeter G
η = fons communis codicum Gallicorum Bernensis 254, Parisini Lat. 14749, Parisini Lat. 6369
Ottob. = Vaticanus Ottobonianus Lat. 1991, codicis L apographon primum
λ = codicis Laurentiani plut. 48.18 apographon deperditum, fons codicis 36 aliorumque multorum
μ = fons earum coniecturarum quae in Florentina saltem alterius codicis L apographi propagine inueniuntur.

Sub numeris Rizzianis hos cito (omnium autem saepissime 36 69 85 136):

2 = Berolinensis Hamilt. 171
7 = Budapestinus Nat. 147
12 = Scorialensis R I 15
20 = Laur. 48.10
22 = Laur. 48.12
30 = Laur. Ashb. 253
36 = Florentinus Bibl. Nat. II II 65
37 = Florentinus Bibl. Nat. Conu. Suppress. I IV 4
46 = Londiniensis Bibl. Brit. Arund. 236
48 = Londiniensis Bibl. Brit. Burn. 159
54 = Mediolanensis Braid. AG IX 33
55 = Mutinensis Est. Lat. 442
58 = Monacensis C. L. M. 68
62 = Neapolitanus Bibl. Nat. IV B 7
69 = Bodl. Canon. Class. Lat. 226
70 = Bodl. Canon. Class. Lat. 253
73 = Bodl. Laud. Lat. 48
77 = Oxoniensis Coll. Nou. 249
78 = Oxoniensis Coll. Nou. 302
81 = Parisinus Lat. 6369
85 = Parisinus Lat. 7779
87 = Parisinus Lat. 7781
92 = Parisinus Lat. 7788
95 = Parisinus Lat. 14749

99 = Parisinus Lat. 17883
111 = Senensis H VI 11
126 = Vat. Ottob. Lat. 1463
135 = Vat. Pal. Lat. 1483
136 = Vat. Pal. Lat. 1484, Gruteri septimus
153 = Venetus Marc. Lat. Z 428 (1810)
156 = Venetus Marc. Lat. XI 39 (3929)
158 = Vicentinus Bertol. G 24 2 1
159 = Vicentinus Bertol. G 7 4 39

Ceteros nominatim cito.

M. TVLLI CICERONIS
ORATIO PRO P. QVINCTIO

Quae res in ciuitate duae plurimum possunt, eae contra nos ambae faciunt in hoc tempore: summa gratia et eloquentia. Quarum alteram, C. Aquili, uereor, alteram metuo. Eloquentia Q. Hortensi ne me in dicendo impediat non nihil commoueor; gratia Sex. Naeui ne P. Quinc-

titulus – 7 10 defendere cu- *periit in E, cuius in locum succedunt FG*; *titulus* – 11 7 quid ergo est *periit in C, cuius in locum succedit D*

Marci Tulii Ciceronis pro Plubio (*sic*) Quintio de diuidendis bonis communibus ad iudices oratio *D* : Pro Publio Quintio *F*[2] : M. Tullii Ciceronis pro Publio Quintio *G: in subs. antecedentis orationis* Eiusdem pro P. Quintio incipit, *in mg. ad init.* Pro P. Quintio *H*[2] : Pro P. Quintio *L*[2] : M. Tullii Ciceronis oratio pro P. Quinctio incipit *X* : M. T. Ciceronis oratio pro P. Quinctio incipit feliciter et lege *Y* : *om. F*[1] *H*[1] *L*[1]

1 Due *pro* Que *Δ ut uid.* (*D*[1] *GH*[1]; ue *post spat. F*) 5 ne P. *H, Ottob.*[2] : ne P. poṇtis *D* : nepotis *Ω* (*FGLΦ*) quinct- *P ubi aderat, XY in tit.* : quint- *Ω ubique in textu*

2 tio noceat, id uero non mediocriter pertimesco. Neque
hoc tanto opere querendum uideretur, haec summa in illis
esse, si in nobis essent saltem mediocria; uerum ita se res
habet ut ego, qui neque usu satis et ingenio parum possum, cum patrono disertissimo comparer, P. Quinctius,
cuius tenues opes, nullae facultates, exiguae amicorum
3 copiae sunt, cum aduersario gratiosissimo contendat. Illud quoque nobis accedit incommodum, quod M. Iunius,
qui hic, C. Aquili, totiens apud te egit, homo et in aliis
causis exercitatus et in hac multum ac saepe uersatus,
hoc tempore abest noua legatione impeditus, et ad me uenitur, qui ut summa haberem cetera, temporis quidem
certe uix satis habui ut rem tantam, tot controuersiis im-
4 plicatam, possem cognoscere. Ita quod mihi consueuit in
ceteris causis esse adiumento, id quoque in hac causa deficit; nam quod ingenio minus possum subsidium mihi

5 *Grillius p. 94.13–18* Publius Quintius, cuius (cuis *primitus Paris. Lat. 15086*) tenemus (*codd.*) opes, exiguae amicorum copiae sunt, cum aduersario gratiosissimo contendebat *et paulo post* tenues opes, exiguas amicorum copias **16** *Quint. 11.1.19* quod ingenio minus *usque ad* comparaui

2 uideretur η : uidetur Ω illis $\zeta H^2 L^2 \Phi$: -os $\Omega(\Delta L^1)$ **6** cuius $F^2 \zeta$, *Grillius* (*defenderat R. Klotz 1852 coll. Caecin. 78*) : ciuem $\Delta(D^1 F^1 G)$: cui $D^2 HL$: cui et Φ **9** hic C. Aquili totiens *scripsi* : hanc aliquotiens Ω : causam C. Aquili *post* hanc *add. R. Klotz 1852* (causam Aquili *hic Naug. 1534, post* egit *99, 54, 85;* causam *hic 2, post* egit *48;* Aquili *post* egit *158, 159*), *sed* qui hanc ... egit *idem est quod infra* in hac ... uersatus **11** uenitur (*hic apud te*) *7, 12, 30, 87, 92, 111, 126, 156* : uenturus $\Omega(\Delta L^1)$: uentum est (*cum patronum quaereret*) $L^2 \Phi$ **14** possem *ed. Rom.* : -sim Ω **16** quod *Quintiliani cod. B* : quo *eiusdem cod. b,* Ω ingenio minus *Quint.* : m- i- Ω subsidium *Quint.* : -dio Ω

diligentia comparaui, quae quanta sit, nisi tempus et spatium datum sit, intelligi non potest.

Quae quo plura sunt, C. Aquili, eo te et eos qui tibi in
consilio sunt meliori mente nostra uerba audire oportebit,
ut multis incommodis ueritas debilitata tandem aequitate
talium uirorum recreetur. Quod si tu iudex nullo praesi- 5
dio fuisse uidebere contra uim et gratiam solitudini atque
inopiae, si apud hoc consilium ex opibus, non ex ueritate,
causa pendetur, profecto nihil est iam sanctum neque sincerum in ciuitate, nihil est quod humilitatem cuiusquam
grauitas et uirtus iudicis consoletur. Certe aut apud te et
eos qui tibi assunt ueritas ualebit aut ex hoc loco repulsa
ui et gratia locum ubi consistat reperire non poterit.

Non eo dico, C. Aquili, quo mihi ueniat in dubium tua II
fides et constantia aut quo non in eis quos tibi aduocaui-
sti, uiris lectissimis ciuitatis, spem summam habere
P. Quinctius debeat. Quid ergo est? Primum magnitudo 6
periculi summo timore hominem afficit, quod uno iudi-

1 diligentia *Quint. cod. B* : -tiam *eiusdem cod. b, Ω* **3** eos ζ (*cf. §§ 5, 91, Caecil. 1*) : uos Ω(ΔΦ) : hos *L* **6** nullo *noster ne pro datiuo commodi caperetur* nulli **9** neque *LΦ* (*cf. Verr. II 4.42, Sex. Rosc. 71, et Hand IV 133*) : atque *Δ* (*cf. Sex. Rosc. 109; eaedem uu. ll. Caecin. 3, Sall. Cat. 12.2*) **10** [est] *136, sed cf. Caecin. 70, Verr. II 5.131, Pis. 94* **13** consistat ηL^4 (*cf. § 73, Agr. 2.85*) : res consistat *Ω* : resistat *Castiglioni coll. Mur. 84, sed uidetur librarius* resistat *ob* reperire *scribere incepisse, deinde* res *aut non plane deleuisse aut reliquisse* **14** non *ΔL, quod def. Garatoni coll. Ad Att. 16.16.15* : non *post lac. Φ* : id non *Ernesti* : neque *Vrsini liber et Gulielmius coll. Ter. Haut. 554* (*cf. etiam Sex. Rosc. 51, Tull. 6, Caecil. 29, Sull. 9, Cael. 21, et Hand II 412–13*) : *fort.* atque hoc non (*cf. Sex. Rosc. 125*) quod mihi *Δ* **15** in *85* (*cf. Manil. 59*) : *om. Ω* **16** lectissimis *Lamb.* : elect- *Ω*

cio de fortunis omnibus decernit, idque cum cogitat non
minus saepe ei uenit in mentem potestatis quam aequita-
tis tuae, propterea quod omnes quorum in alterius manu
uita posita est saepius illud cogitant, quid possit is cuius
in dicione ac potestate sunt, quam quid debeat, facere.
7 Deinde habet aduersarium P. Quinctius uerbo Sex. Naeuium, re uera huiusce aetatis homines disertissimos, fortissimos, ornatissimos nostrae ciuitatis, qui communi studio, summis opibus Sex. Naeuium defendunt, si id est
defendere, cupiditati alterius obtemperare quo is facilius
8 quem uelit iniquo iudicio opprimere possit. Nam quid
hoc iniquius aut indignius, C. Aquili, dici aut commemorari potest, quam me, qui caput alterius famam fortunasque defendam, priore loco causam dicere, cum praesertim Q. Hortensius, qui hoc iudicio partes accusatoris
obtinet, contra me sit dicturus, cui summam copiam fa-
cultatemque dicendi natura largita est? Ita fit ut ego, qui
tela depellere et uulneribus mederi debeam, tum id facere
cogar cum etiam telum aduersarius nullum iecerit, illis
autem id tempus impugnandi detur cum et uitandi illorum impetus potestas adempta nobis erit et si qua in re,
id quod parati sunt facere, falsum crimen quasi uenena-

1 dum *L*, *male* (*cf. Caecil. 42, Verr. II 3.6*) **2** ei $F^2 \eta H^2 L^2$: eis Ω **5** *post* debeat *distinxi ut appareat* possit *cum* facere *iungi* (*cf. § 18, Caecil. 53*) **8** ornatissimos $L\Phi$: horrent- Δ, $L^{mg.}$ *ut uid.* (*postea erasum*), *unde* honest- *37*, potent- *58*, florent- *ed. 1572* (*cf. Praef. n. 47*) **11** quae Δ (*corr.* $F^2 \eta$) **13** quam *post* hoc *redundat ut saepe* (*cf. K.-S. § 225 not. 12*) **14** cum F^2 : quem Ω **17** -que ΔL^2 : *om.* $L^1 \Phi$ **18** mederi $F^2 \zeta H L$: demeri $\Omega(\Delta)$: demere Φ **19** iecerit μ : leg- Ω (*cf. Caecin. 87, Flacc. 35, Scaur. 5*) **21** adempta ηL : attentanda Δ : attendenda Φ **22** [falsum crimen quasi] *Lamb.*

tum aliquod telum iecerint, medicinae faciendae locus
non erit. Id accidit praetoris iniquitate et iniuria, primum 9
quod contra omnium consuetudinem iudicium prius de
probro quam de re maluit fieri, deinde quod ita constituit
id ipsum iudicium ut reus ante quam uerbum accusatoris
audisset causam dicere cogeretur. Quod eorum gratia et
potentia factum est qui quasi sua res aut honos agatur ita
diligenter Sex. Naeui studio et cupiditati morem gerunt
et in eius modi rebus opes suas experiuntur in quibus quo
plus propter uirtutem nobilitatemque possunt, eo minus
quantum possint debent ostendere.

Cum tot tantisque difficultatibus affectus atque afflic- 10
tus in tuam, C. Aquili, fidem ueritatem misericordiam
P. Quinctius confugerit, cum adhuc ei propter uim aduersariorum non ius par, non agendi potestas eadem, non
magistratus aequus reperiri potuerit, cum ei summam per
iniuriam omnia inimica atque infesta fuerint, te,
C. Aquili, uosque qui in consilio adestis orat atque obsecrat ut multis iniuriis iactatam atque agitatam aequitatem in hoc tandem loco consistere et confirmari patia-
mini. Id quo facilius facere possitis, dabo operam ut a III
principio res quem ad modum gesta et contracta sit cog-
noscatis.

C. Quinctius fuit P. Quincti huius frater, sane cetera- 11

24 *Victorinus in Rhet. Cic. I 19* (*Halm 201.25*) C. Quintius frater huiusce P. Quintii fuit *Seru. D. in Aen. 10.48* sane ceterarum rerum pater familias et prudens et attentus

1 iecerint μ : leg- Ω 3 [prius] *Hartman* (*cf. § 46*) 8 cupiditati $F^2\zeta H^2 L^2 \Phi$: -tate $\Omega(\Delta L^1)$ 11 quantum *85* (*cf. Sex. Rosc. 149, Verr. II 2.36*) : quam Ω : quid 55^2 (*cf. Caecil. 27; aliter § 6*) 15 ius $\eta H^2 L^2$: in ius Ω 16 potuerit $F^2\eta$: poterit Ω 24 frater huiusce P. Quintii fuit *Victorinus* P. (pater L^1) Quintius $D^1 L^1$

rum rerum pater familias et prudens et attentus, una in re paulo minus consideratus, qui societatem cum Sex. Naeuio fecerit, uiro bono uerum tamen non ita instituto ut iura societatis et officia certi patris familias nosse posset. Non quo ei deesset ingenium; nam neque parum facetus scurra Sex. Naeuius neque inhumanus praeco umquam est existimatus. Quid ergo est? Cum ei natura nihil melius quam uocem dedisset, pater nihil praeter libertatem reliquisset, uocem in quaestum contulit, libertate usus est
12 quo impunius dicax esset. Quare quod socium tibi eum uelles adiungere nihil erat nisi ut in tua pecunia condisceret qui pecuniae fructus esset. Tamen inductus consuetudine ac familiaritate Quinctius fecit ut dixi societatem earum rerum quae in Gallia comparabantur. Erat ei pecuaria res ampla et rustica sane bene culta et fructuosa. Tollitur ab atriis Liciniis atque a praeconum consessu in Galliam Naeuius et trans Alpes usque transfertur. Fit magna mutatio loci, non ingeni; nam qui ab adolescentulo quaestum sibi instituisset sine impendio, postea quam nescioquid impendit et in commune contulit, mediocri
13 quaestu contentus esse non poterat. Nec mirum si is qui uocem uenalem habuerat ea quae uoce quaesiuerat magno sibi quaestui fore putabat. Itaque hercule haud me-

5 ei deesset $H^2 L \Phi$: eidem esset Δ **6** inhumanus $\zeta H^2 L$: in humanis $\Omega(\Delta \Phi)$ **10** quod *ed. Rom.* (*cf. Sull. 9, Prou. 29*) : quidem Ω, *cui respondere creditur* tamen, *sed huius* quare quidem *nihil simile uidi* **11** condisceret $F^2 \eta H^2 \Phi$: -disseret L : -disserat Δ **14** comparantur *Mueller 1880* (*cf. Verr. II 1.91*) **15** ⟨praedia⟩ rustica *Nisbet* **16** a preconum $F^2 L^2 \Phi$: a preconium L^1 : ad preconium Δ consessu $F^2 H^2 L^2 \Phi$: -sensu $\Omega(\Delta L^1)$ (*cf. § 72, Sest. 124, Planc. 2*) **20** commune $\zeta \Phi$: -em $\Omega(\Delta L)$ **23** haud $\Delta L^n \Phi$: aut L^1

diocriter de communi quodcumque poterat ad se in priuatam domum seuocabat; qua in re ita diligens erat quasi ei qui magna fide societatem gererent arbitrium pro socio condemnari solerent. Verum his de rebus non necesse habeo dicere; ea quae me P. Quinctius cupit commemorare, tametsi causa postulat, tamen quia postulat, non flagitat, praeteribo.

Cum annos iam complures societas esset et cum saepe IV 14
suspectus Quinctio Naeuius fuisset neque ita commode
posset rationem reddere earum rerum quas libidine, non
ratione gesserat, moritur in Gallia Quinctius cum adesset
Naeuius, et moritur repentino. Heredem testamento reliquit hunc P. Quinctium, ut ad quem summus maeror
morte sua ueniebat, ad eundem summus honos quoque
perueniret. Quo mortuo, nec ita multo post, in Galliam 15
proficiscitur Quinctius; ibi cum isto Naeuio familiariter
uiuit. Annum fere una sunt, cum et de societate multa inter se communicarent et de tota illa ratione atque re Gal-
licana, neque interea uerbum ullum interposuit Naeuius
aut societatem sibi quippiam debere aut priuatim
C. Quinctium debuisse.

Cum aeris alieni aliquantum esset relictum quibus nominibus pecuniam Romae curari oporteret, auctionem in

12 *Charisius Artis gramm. lib. II* (*Barwick 280.19–20*) Repentino pro repente Cicero, ut Statilius Maximus notat

1 quodcumque H^{2} : quod quidque Ω : ut quicque *ed. Bonon.* : quicquid *Naug. 1519* 3 arbitrium *uulgo suspectum pro poena ab arbitro aestimata accipit Garatoni coll. Red. Sen. 18* 4 solerent 69^{1}, *92, 136* : solent Ω *uel* eis 5 *ante* ea *dist. A. Klotz* : *ante* tametsi *priores* 16 [Naeuio] *Manut. 1579* 21 C. *Mueller 1880* : *om.* Ω

Gallia P. hic Quinctius Narbone se facturum esse proscri-
16 bit earum rerum quae ipsius erant priuatae. Ibi tum uir
optimus Sex. Naeuius hominem multis uerbis deterret ne
auctionetur: eum non ita commode posse eo tempore
quae proscripsisset uendere; Romae sibi nummorum facultatem esse, quam si saperet communem existimaret
pro fraterna illa necessitudine et pro ipsius affinitate
(nam P. Quincti consobrinam habet in matrimonio Naeuius et ex ea liberos). Quia quod uirum bonum facere
oportebat, id loquebatur Naeuius, credidit Quinctius eum
qui orationem bonorum imitaretur facta quoque imitatu-
rum. Auctionem uelle facere desistit, Romam proficiscitur, decedit ex Gallia Romam simul Naeuius.
17 Cum pecuniam C. Quinctius P. Scapulae debuisset, per
te, C. Aquili, decidit P. Quinctius quid liberis eius dissol-
ueret. Hoc eo per te agebatur quod propter aerariam rationem non satis erat in tabulis inspexisse quantum deberetur nisi ad Castoris quaesisses quantum solueretur.
Decidis statuisque tu, propter necessitudinem quae tibi
V 18 cum Scapulis est, quid eis ad denarium solueretur. Haec
omnia Quinctius agebat auctore et consuasore Naeuio,
nec mirum si eius utebatur consilio cuius auxilium sibi
paratum putabat. Non modo enim pollicitus erat in Gallia sed Romae cotidie simul atque sibi hic annuisset nu-
meraturum se dicebat; Quinctius porro istum posse fa-

17 *Arusianus 32* Non satis erat in ⟨...⟩ deberetur nisi ad Catonis quaesisses quantum solueretur

5 quae *H²LΦ* : quo *Δ* 15 quid *Baiter* : quod *Ω* 16 agebatur *LΦ* : cog- *Δ* 18 Catonis *Arusianus* quaesisses *Arusianus* (*et coniecit Hot.*) : -et *Ω* 19 quam *Δ* (*corr. F²ζH*)

cere uidebat, debere intelligebat, mentiri, quia causa cur
mentiretur non erat, non putabat. Quasi domi nummos
haberet, ita constituit Scapulis se daturum. Naeuium certiorem facit, rogat ut curet quod dixisset. Tum iste uir op- 19
timus (uereor ne se derideri putet quod iterum iam dico
'optimus'), qui hunc in summas angustias adductum pu-
taret, ut eum suis condicionibus in ipso articulo temporis
astringeret, assem sese negat daturum nisi prius de rebus
rationibusque societatis omnibus decidisset et scisset sibi
cum Quinctio controuersiae nihil futurum. 'Posterius' inquit 'ista uidebimus' Quinctius; 'nunc hoc uelim cures, si
tibi uidetur, quod dixisti'. Negat se alia ratione facturum;
quod promisisset non plus sua referre quam si cum auctionem uenderet domini iussu quippiam promisisset.
Destitutione illa perculsus Quinctius a Scapulis paucos 20
dies aufert, in Galliam mittit ut ea quae proscripserat ue-
nirent, deteriore tempore absens auctionatur, Scapulis
difficiliore condicione dissoluit. Tum appellat ultro Naeuium ut quoniam suspicaretur aliqua de re fore controuersiam uideret ut quam primum et quam minima cum
molestia tota res transigeretur. Dat iste amicum M. Tre- 21
bellium, nos communem necessarium qui istius domi
erat educatus et quo utebatur iste plurimum, propinquum
nostrum Sex. Alfenum. Res conuenire nullo modo poterat, propterea quod hic mediocrem iacturam facere cupie-

2 domi nummos $L^2\Phi$: dominum ΔL^1 **7** eum ηH^2 : cum Ω **9** *fort.* decidissent **13** quod promisisset *cum sequentibus Naug. 1519* : *cum antecedentibus priores* auctionem uenderet *alioquin ignotum, sed contulit Turnebus Caes. B. G. 2.33.6* sectionem uendidit, *Garatoni etiam Inu. 1.85, Agr. 1 fr. 4 = Gell. 13.25.6* **23** eductus *L* (*cf.* *§ 69*)

22 bat, iste mediocri praeda contentus non erat. Itaque ex eo
tempore res esse in uadimonium coepit. Cum uadimonia
saepe dilata essent et cum aliquantum temporis in ea re
esset consumptum neque quicquam profectum esset, ue-
VI nit ad uadimonium Naeuius. Hoc quaeso, C. Aquili uosque qui adestis in consilio, ut diligenter attendatis, ut singulare genus fraudis et nouam rationem insidiarum
23 cognoscere possitis. Ait se auctionatum esse in Gallia;
quod sibi uideretur se uendidisse; curasse ne quid sibi societas deberet; se iam neque uadari amplius neque uadimonium promittere; si quid agere secum uelit Quinctius,
non recusare. Hic, cum rem Gallicanam cuperet reuisere,
hominem in praesentia non uadatur. Ita sine uadimonio
disceditur.

Deinde Romae dies xxx fere Quinctius commoratur;
cum ceteris quae habebat uadimonia differt, ut expeditus
24 in Galliam proficisci possit; proficiscitur. Roma egreditur
ante diem iiii Kal. Februarias Quinctius Scipione et Nor-
bano consulibus. Quaeso ut eum diem memoriae mandetis. L. Albius Sex. filius Quirina, uir bonus et cum primis
honestus, una profectus est. Cum uenissent ad Vada Volaterrana quae nominantur, uident perfamiliarem Naeui

22 3–39 6 aliquantum temporis ... saepe ut fit *periit in C, cuius in locum succedit D*

2 uadimonio *37*^{2}*, et sane § 37* in Galliam *pro* in Gallia, *§ 87* iudicium *pro* iudicio *Ω, sed cf. Caecil. 66, Verr. II 2.67, 5.98, Manil. 33 cum Gell. 1.7.16–17, Flacc. 40, 83* (*numerosius utrobique* -em) **5** hoc quaeso *scripsi:* hoc se quo *Ω* : obsecro *η*H^2L^2, *male sine* te, *quod add. Angel.* **11** uelit (uelet *DH, nec displicet* uellet) secum *Δ* **18** iiii *Ω* : *cf. § 57* scipione *92, 135, 136* (sip- *iam* D^2) : spit- *Ω*(*ΔΦ*) : sprit- *L* **20** Quirina *ed. 1538* : -nas *Ω* **21** uada uolaterrana *L* : badabo laterrana *Δ* : badabola terrana *Φ* **22** nominantur *L* : -atur *Ω*(*ΔΦ*)

qui ex Gallia pueros uenales isti adducebat, L. Publi-
cium, qui ut Romam uenit narrat Naeuio quo in loco ui-
derit Quinctium. Quod ubi ex Publicio audiuit, pueros 25
circum amicos dimittit, ipse suos necessarios ab atriis Liciniis et a faucibus macelli corrogat, ut ad tabulam Sex-
tiam sibi assint hora secunda postridie. Veniunt frequen-
tes; testificatur iste P. Quinctium non stetisse et se
stetisse; tabulae maximae signis hominum nobilium con-
signantur; disceditur. Postulat a Burreno praetore Naeuius ut ex edicto bona possidere liceat; iussit bona pro-
scribi eius quicum familiaritas fuerat, societas erat,
affinitas liberis istius uiuis diuelli nullo modo poterat.
Qua ex re intelligi facile potuit nullum esse officium tam 26
sanctum atque sollemne quod non auaritia comminuere
atque uiolare soleat; etenim si ueritate amicitia, fide societas, pietate propinquitas colitur, necesse est iste, qui
amicum socium affinem fama ac fortunis spoliare conatus est, uanum se et perfidiosum et impium esse fateatur.
Libellos Sex. Alfenus, procurator P. Quincti, familiaris et 27
propinquus Sex. Naeui, deicit, seruulum unum quem iste
prenderat abducit, denuntiat sese procuratorem esse;
istum aequum esse famae fortunisque P. Quincti consu-

11 *uel* **48** **15** *Arusianus 481* quicum tibi societas adfinitas erat

1 adducebant Δ (*corr.* $F^2\eta H$) **3** audiuit *Rau* : *lac.* Ω : accepit *73* : cognouit *Graeuius* **4** atriis ⟨ueniunt frequentes⟩ Δ (*corr.* η) liciniis *ed. Bonon.* : -ii Ω **7** testificatur iste η : -cantur iste Ω : -cantur isti $F^2L^2\Phi$ (i-t-L^1, t- i- L^3) **7–8** et stetisse se Δ **8** maxime *Garatoni, quod ironiae me iudice officit* **9** a burreno H^2 (a b- *iam* F^2) : ab urnenno D : ab urieno E : ab urneno H^1 : aburrieno L, ab urrieno Φ (*cf.* *§§ 30, 69*) **12** *fort.* poterit **15** ac Δ

lere et aduentum eius expectare; quod si facere nolit atque imbiberit eius modi rationibus illum ad suas condiciones perducere, sese nihil precari et si quid agere uelit paratum esse iudicio defendere.

28 Haec dum Romae geruntur, Quinctius interea contra
ius consuetudinem edicta praetorum de saltu agroque
VII communi a seruis communibus ui detruditur. Existima,
C. Aquili, ita modo et ratione omnia Romae Naeuium fecisse si hoc quod per litteras istius in Gallia gestum est recte atque ordine factum uidetur. Expulsus atque eiectus e praedio Quinctius, accepta insigni iniuria, confugit ad C. Flaccum imperatorem, qui tum erat in prouincia (quem ut ipsius dignitas poscit honoris gratia nomino). Is eam rem quam uehementer uindicandam putarit ex decretis eius poteritis cognoscere.

29 Alfenus interea Romae cum isto gladiatore uetulo cotidie pugnabat. Vtebatur populo sane suo propterea quod iste caput petere non desinebat. Iste postulat ut procurator iudicatum solui satis daret. Negat Alfenus aequum esse procuratorem satis dare quod reus satis dare non deberet si ipse adesset. Appellantur tribuni, a quibus cum esset certum auxilium petitum, ita tum disceditur ut Idibus Septembribus P. Quinctium sisti Sex. Alfenus promitteret.

VIII 30 Venit Romam Quinctius, uadimonium sistit. Iste
homo acerrimus, bonorum possessor expulsor ereptor, an-

4 paratum esse *scripsi* (*cf. § 66*) : *om. Ω* 8 ita *scripsi* : id *Ω* : *del. Angel.* : ea *Kinsey* 14 uindicandam *ELY* : iud- *DHX* 15 poteris *F* (*cf. § 33*) 18 *uel* postulabat (*iam 62*) *uel mox* det *Lamb., sed cf. §§ 19, 20, 30, 67* 22 tamen *Ottob.*[1], *22, Bodl. Rawl. G 138* 25 *uel* iste, homo

num et sex menses nihil petit; quiescit; condicionibus hunc quoad potest producit; a Cn. Dolabella denique praetore postulat ut sibi Quinctius iudicatum solui satis det ex formula quod ab eo petat cuius ex edicto praetoris bona dies xxx possessa sint. Non recusabat Quinctius quin ita satis dare iuberet si bona possessa essent ex edicto. Decernit quam aequum nihil dico: unum hoc dico, nouum, et hoc ipsum tacuisse mallem, quoniam utrumque quiuis intelligere potuisset. Iubet P. Quinctium sponsionem cum Sex. Naeuio facere si bona sua ex edicto P. Burreni praetoris dies xxx possessa non essent. Recusabant qui aderant tum Quinctio; demonstrabant de re iudicium fieri oportere, ut aut uterque inter se aut neuter satis daret; non necesse esse famam alterius in iudicium uenire. Clamabat porro ipse Quinctius sese idcirco nolle 31
satis dare ne uideretur iudicasse bona sua ex edicto possessa esse; sponsionem porro si istius modi faceret, se (id quod nunc euenit) de capite suo priore loco causam esse dicturum. Dolabella, quem ad modum solent homines

19 *Rufinianus 18* (*Halm 43.22–4*) 'Dolabella autem quem ad modum homines nobiles' usque 'iniuriam fortissime perseuerat'

1 petiit *Δ*(*DE*) **2** perducit *D^2F* (*cf. §§ 27, 99*) **3** Quintium *Δ* (*corr. F^2*) **4** cuius *Manut. 1540* (quoius *Augustinus*) : quoniam eius *Ω*, *quod defendi uetat nec formula non ad amussim citata nec minus solite positum* eius (*cf. § 54*) pretoris *ηH^2* (*Ω?*) : .p̄.R. *D* : .p.R. *E* : .p.r. *H^1* : .p̄r. romani *L* : pretoris romani *Φ*, *quod ex* .P̄R̄. *ortum esse uidit Vrsinus* (*cf. § 65*) **6** iuberetur *36* **9** potuit sed *Mueller 1880, sed de* potuisset *nugatur Lebr. 289–90* (*cf. Clu. 168, Manil. 26, 44, Sest. 24, 120, Cael. 54*) **11** burreni *DH* : burceni *E* : burrieni *LΦ* (*cf. §§ 25, 69*)

nobiles seu recte seu perperam facere coeperunt (ita in utroque excellunt ut nemo nostro loco natus assequi possit), iniuriam facere fortissime perseuerat: aut satis dare aut sponsionem iubet facere, et interea recusantes nostros aduocatos acerrime summoueri.

IX 32 Conturbatus sane discedit Quinctius, neque mirum, cui haec optio tam misera tamque iniqua daretur, ut aut ipse se capitis damnaret si satis dedisset aut causam capitis si sponsionem fecisset priore loco diceret. Cum in altera re causae nihil esset quin secus iudicaret ipse de se, quod iudicium grauissimum est, in altera spes esset ad talem tamen uirum iudicem ueniendi unde eo plus opis auferret quo minus attulisset gratiae, sponsionem facere maluit; fecit; te iudicem, C. Aquili, sumpsit; ex sponso egit.
33 In hoc summa iudici causaque tota consistit. Iudicium esse, C. Aquili, non de re pecuniaria sed de fama fortunisque P. Quincti uides. Cum maiores ita constituerint ut qui pro capite diceret, is posteriore loco diceret, nos inaudita criminatione accusatorum priore loco causam dicere intelligis; eos porro qui defendere consuerunt uides accusare, et ea ingenia conuerti ad perniciem quae antea uersabantur in salute atque auxilio ferendo.

Illud etiam restiterat quod hesterno die fecerunt, ut te in ius adducerent ut nobis tempus quam diu diceremus

1 *parenthesin ante* ita *statui* : *ante* seu recte *priores* *fort.* ita ⟨enim⟩ in **2** possit *Φ* : -set *ΔL* **3** dare *Φ* : daret *ΔL* **10** de re *Δ* **12** *fort.* tandem, *sed cf. § 71* **14** sponsu *Manut. 1579* (*cf. Gell. 4.4.2*) agit *Syluius* **20** intelligis *62*, 69^1 : -itis *Ω* (*cf. § 28*) consuerant *R. Klotz 1862* (*cf. Caecil. 70*), *sed cf. Sex. Rosc. 5, 8* **23** externo *Δ* (*corr. H*) **24** adducerent $ΔL^2$: duc- L^1 : educ- *Φ* (*cf. Planc. 55*)

praestitueres; quam rem facile a praetore impetrassent
nisi tu quod esset tuum ius officium potestasque docuisses. Nec nobis adhuc praeter te quisquam fuit ubi no- 34
strum ius contra illos obtineremus, neque illis umquam
satis fuit illud obtinere quod probari omnibus posset; ita
sine iniuria potentiam leuem atque inopem esse arbitran-
tur. Verum quoniam tibi instat Hortensius ut eas in con- X
silium, a me postulat ne dicendo tempus absumam, queritur priore patrono causam defendente numquam
perorari potuisse, non patiar istam manere suspicionem,
nos rem iudicari nolle. Neque illud mihi arrogabo, me
posse causam commodius demonstrare quam antea de-
monstrata sit, neque tamen tam multa uerba faciam,
propterea quod et ab illo qui tum dixit iam informata
causa est et a me, qui neque excogitare nec pronuntiare
multa possum, breuitas postulatur, quae mihimet ipsi
amicissima est. Faciam quod te saepe animaduerti facere, 35
Hortensi: totam causae meae dictionem certas in partes
diuidam. Tu id semper facis, quia semper potes; ego in

17 *Grillius p. 73.22–24* Faciam ut te semper animaduerti facere, Hortensi: totam causae meae dictionem in partes diuidam

1 impetrassent *μ* (-set *78, 136, 153*) : *lac. Ω* 2 ius *scripsi sicut Kinsey in lemmate* : ius et *Ω, male nisi excidit aliquid post* officium (unum et alterum tertiumque *apud nostrum adhuc quaero, nec* ius et officium *unum est, alterum* potestas) potestas- L^2 (*cf. Praef. XL*) : testas- L^1 : testes- $ΔL^2Φ$: partes- *Naug. 1534, quo accepto illud* et *fort. defendi potest* 8 absum(m)am *EX* : ass- *D* : ads- HL^1Y : as- L^2 9 queritur ⟨enim⟩ *Kayser* 10 patiaris *Δ* 14 tum *ΔL* : ante *Φ, fort. recte* 16 ipsa *Δ* 17 quod *Ω* : ut *Grillius* semper *Grillius, fort. recte* 18 certas *om. Grillius* 19 [tu id … posse facere] *Schütz*

hac causa faciam, propterea quod in hac uideor posse facere. Quod tibi natura dat ut semper possis, id mihi causa concedit ut hodie possim. Certos mihi fines terminosque constituam extra quos egredi non possim si maxime uelim, ut et mihi sit propositum de quo dicam et Hortensius habeat exposita ad quae respondeat et tu, C. Aquili, iam ante animo prospicere possis quibus de rebus auditurus sis.

36 Negamus te bona P. Quincti, Sex. Naeui, possedisse ex edicto praetoris. In eo sponsio facta est. Ostendam primum causam non fuisse cur a praetore postulares ut bona P. Quincti possideres, deinde ex edicto te possidere non potuisse, postremo non possedisse. Quaeso, C. Aquili uosque qui estis in consilio, ut quid pollicitus sim diligenter memoriae mandetis; etenim rem facilius totam accipietis si haec memineritis et me facile uestra existimatione reuocabitis si extra hos cancellos egredi conabor quos mihi ipse circumdedi. Nego fuisse causam cur postularet, nego ex edicto possidere potuisse, nego possedisse. Haec tria cum docuero, peroraro.

XI 37 Non fuit causa cur postularet. Qui hoc intelligi potest? Quia Sex. Naeuio neque ex societatis ratione nec priuatim quicquam debuit Quinctius. Quis huic rei testis est?

9 *Martianus Rhet. 48* (*Halm 487.30–488.18*) Negamus te bona Publii Quintii possedisse ex edicto praetoris ... Haec tria cum docuero perorabo (*uide etiam testimonia*)

16 existimatione *DEL* : extim- *HΦ* : *fort.* festin- (*cf. § 82, Tac. Dial. 19.5*), *sed cf. Prou. 40* **20** peroraro F^2 (*ex Verr. II 3.154 ut uid., sed cf. etiam § 91*) : -abo *Ω, Martianus* **21** postularet 69^1 : -ares *Ω, ex* § 36

Idem qui acerrimus aduersarius: in hanc rem te, inquam, testem, Naeui, citabo. Annum et eo diutius post mortem C. Quincti fuit in Gallia tecum simul Quinctius. Doce te petisse ab eo istam nescioquam innumerabilem pecuniam, doce aliquando mentionem fecisse, dixisse deberi: debuisse concedam. Moritur C. Quinctius, qui tibi ut ais 38
certis nominibus grandem pecuniam debuit. Heres eius P. Quinctius in Galliam ad te ipsum uenit in agrum communem, eo denique ubi non modo res erat sed ratio quoque omnis et omnes litterae. Quis tam dissolutus in re familiari fuisset, quis tam negligens, quis tam tui, Sexte, dissimilis, qui cum res ab eo quicum contraxisset recessisset et ad heredem peruenisset non heredem cum primum uidisset certiorem faceret, appellaret, rationem afferret, si quid in controuersiam ueniret aut intra parietes aut summo iure experiretur? Itane est? quod uiri optimi faciunt si qui suos propinquos ac necessarios caros et honestos esse atque haberi uolunt, id Sex. Naeuius non faceret, qui usque eo feruit ferturque auaritia ut de suis commodis aliquam partem uelit amittere ne quam partem huic propinquo suo ullius ornamenti relinquat? et is 39
pecuniam si qua deberetur non peteret qui quia quod debitum numquam est id datum non est non pecuniam modo uerum etiam hominis propinqui sanguinem uitam-

1 hanc rem *L* (*cf. Tull. 24, Caecin. 23, 94, Verr. II 1.36, 51, 2.146*) : hac re *ΔΦ, fort. recte* (*cf. Verr. II 2.24, 3.97*) te *Ω* (*cf. Verr. II 1.83*) : te te *η* (*cf. Q. Rosc. 37, Clu. 168, Sest. 45*) **2** teste *Δ*(*EH*^{1}) **3** Gallia *D*^{2}*F*^{2}*HL*^{2} : -iam *Ω* **17** si qui *Ω, pro 'si quando' puto* : ii qui *Muretus 1600 ex cod.*, [si] qui *Garatoni* **19** feruit *LΦ* : -uet *DHF*^{2} : -uiet *E* **20** committere *Δ* (*corr. H*^{2}) **21** ullius *D*^{2}*F*^{2}*H*^{2}*L*^{2} : uilius *Ω*(*D*^{1}*EH*^{1}*L*^{1}) : in hiis *Φ*

que eripere conatur? Huic tu molestus esse uidelicet noluisti; quem nunc respirare libere non sinis, quem nunc interficere nefarie cupis, eum tum pudenter appellare nolebas. Ita credo: hominem propinquum, tui obseruantem, uirum bonum, pudentem, maiorem natu, nolebas aut non audebas appellare. Saepe, ut fit, cum ipse te confirmasses, cum statuisses mentionem de pecunia facere, cum paratus meditatusque uenisses, homo timidus uirginali uerecundia subito ipse te retinebas; excidebat repente oratio; cum cuperes appellare, non audebas, ne inuitus audiret.
XII 40 Id erit profecto, credamus hoc: Sex. Naeuium cuius caput
oppugnet, eius auribus pepercisse. Si debuisset, Sexte, petisses, et petisses statim; si non statim, paulo quidem
post; si non paulo, at aliquanto; sex quidem illis mensibus profecto; anno uertente sine controuersia. Anno et
sex mensibus uero, cum tibi cotidie potestas hominis
fuisset admonendi, uerbum nullum facis: biennio iam
confecto fere appellas. Quis tam perditus ac profusus ne-
pos non adesa etiam pecunia sed abundanti sic dissolutus
fuisset ut fuit Sex. Naeuius? Cum hominem nomino, sa-
41 tis mihi uideor dicere. Debuit tibi C. Quinctius: numquam petisti. Mortuus est ille, res ad heredem uenit: cum
eum cotidie uideres, post biennium denique appellas.

1 tum *Baiter, qui post* sinis *demum fortius dist. inuocato sancti chiasmi nomine* 5 prudentem *H uel* H^2 (*et supra* prudenter *H*), *36, male* 9 *fort.* te ipse 11 erat *ηΦ, sed cf. Plaut. Pseud. 677* 13 et *54* : sed *Ω* 14 aliquanto *'uet.' apud ed. 1554* : -do *Ω* 16 fuisset hominis *36* 17 facis *η*H^2*Φ* : -it *Ω*(*ΔL*) 19 etiam pecunia sed abundanti *scripsi* (etiam *sic § 8, et cf. Hand II 573*) : iam pecunia sed abundanti etiam (iam *Φ*) pecunia *Ω* : iam [pecunia] *η*, [etiam pecunia] *20* : iam sed abundanti pecunia *Naug. 1519*

Dubitabitur utrum sit probabilius, Sex. Naeuium statim si quid deberetur petiturum fuisse an ne appellaturum quidem biennio? 'Appellandi tempus non erat.' At tecum plus annum uixit in Gallia. 'Agi non potuit.' At et in prouincia ius dicebatur et Romae iudicia fiebant. Restat ut aut summa negligentia tibi obstiterit aut unica liberalitas. Si negligentiam dices, mirabimur; si bonitatem, ridebimus; neque praeterea quid possis dicere inuenio. Satis est argumenti nihil esse debitum Naeuio quod tam diu nihil petiuit.

Quid si hoc ipsum quod nunc facit ostendo testimonio XIII 42
esse nihil deberi? Quid enim nunc agit Sex. Naeuius?
qua de re controuersia est? quod est hoc iudicium in quo
iam biennium uersamur? quid negoti geritur in quo ille
tot et tales uiros defatigat? Pecuniam petit, nunc denique,
uerum tamen petit: audiamus. De rationibus et contro- 43
uersiis societatis uult diiudicari, sero, uerum aliquando tamen: concedamus. 'Non' inquit 'id ago, C. Aquili, neque in eo nunc laboro. Pecunia mea tot annos utitur P. Quinctius: utatur sane, non peto'. Quid igitur pugnas? An quod saepe multis in locis dixisti, ne in ciuitate sit, ne locum suum, quem adhuc honestissime defendit, obtineat, ne numeretur inter uiuos, decernat de uita et ornamentis suis omnibus, apud iudicem causam priore loco dicat et eam cum orarit tum denique uocem accusatoris audiat? Quid? hoc quo pertinet? Vt ocius ad tuum perue-

4 in Gallia *cum praecedentibus Kinsey* (*ita H*) : *cum sequentibus edd. cett.* : *fort. bis scribendum* **7** mirabimur H^2, *69, 81* : -buntur *Ω* **16** petit *69* : -at *Ω* **17** diiudicari *H* : de- *Ω* **20** P. *Naug. 1519* : C. *Ω* : *fort.* [C.] *uel* [C. Quintius] **21** *numerosius fuerit* dixti (*cf. A. Klotz in ed. Lips. ad Sest. 28*)

44 nias? At si id uelles, iam pridem actum esse poterat. Vt
honestiore iudicio conflictere? At sine summo scelere
P. Quinctium propinquum tuum iugulare non potes. Vt
facilius iudicium sit? At neque C. Aquilius de capite alterius libenter iudicat et Q. Hortensius contra caput non di-
dicit dicere. Quid a nobis autem, C. Aquili, refertur? Pecuniam petit: negamus deberi. Iudicium fiat statim; non
recusamus. Quid praeterea? Si ueretur ut res iudicio facto
parata sit, iudicatum solui satis accipiat; quibus a me uerbis satis acceperit, eisdem ipse quod peto satis det. Actum iam potest esse, C. Aquili; iam tu potes discedere
molestia prope dicam non minore quam Quinctius libera-
45 tus. Quid agimus, Hortensi? quid de hac condicione dicimus? Possumus aliquando depositis armis sine periculo
fortunarum de re pecuniaria disceptare? possumus ita
rem nostram persequi ut hominis propinqui caput inco-
lume esse patiamur? possumus petitoris personam capere,
accusatoris deponere? 'Immo' inquit 'abs te satis acci-
XIV piam, ego autem tibi satis non dabo'. Quis tandem nobis
ista iura tam aequa discribit? quis hoc statuit, quod aequum sit in Quinctium, id iniquum esse in Naeuium?
'Quincti bona' inquit 'ex edicto praetoris possessa sunt'.
Ergo id ut confitear postulas, ut quod numquam factum
esse iudicio defendimus, id proinde quasi factum sit no-
46 stro iudicio confirmemus? Inueniri ratio, C. Aquili, non

8 quid *Angel.* (*cf. Caecin. 24*) : ut quid *Ω* : ecquid *Gruterus* : numquid *136*, 46^2 **10** acceperit *Kayser* : -ciperet *Ω* (*cf. § 62*) : -cipiet *λ*, *136* **11** discedere HL^2 : discere *Ω* **12** liberatus *hic posui* : *ante* discere *ΔL* : *om.* *Φ* : *ante* molestia *ed. 1498* **20** discribit *Buecheler* : de- *Ω* **21** iniquum *pro* in Quinctium *Δ* (*corr.* F^2)

potest ut ad suum quisque quam primum sine cuiusquam
dedecore infamia pernicieque perueniat? Profecto si quid
deberetur peteret, non omnia iudicia fieri mallet quam
unum illud unde haec omnia iudicia nascuntur. Qui inter
tot annos ne appellarit quidem Quinctium cum potestas
esset agendi cotidie, qui quo tempore primum male agere
coepit in uadimoniis differendis tempus omne consump-
serit, qui postea uadimonium quoque missum fecerit,
hunc per insidias ui de agro communi deiecerit, qui cum
de re agendi nullo recusante potestas fuisset sponsionem
de probro facere maluerit, qui cum reuocetur ad id iudicium unde haec nata sunt omnia condicionem aequissimam repudiet, fateatur se non pecuniam sed uitam et
sanguinem petere, is non hoc palam dicit?: 'Mihi si quid
deberetur, peterem atque adeo iam pridem abstulissem.
Nihil hoc tanto negotio, nihil tam inuidioso iudicio, nihil 47
tam copiosa aduocatione uterer si petendum esset. Extorquendum est inuito atque ingratiis, quod non debet eri-
piendum atque exprimendum est, de fortunis omnibus
P. Quinctius deturbandus est, potentes diserti nobiles omnes aduocandi sunt, adhibenda uis est ueritati, minae iac-
tentur, pericula intendantur, formidines opponantur, ut

3 iudicio Δ **4** [iudicia] *C, contra numeros* **6** [male] *Madvig 1856* **9** ui de *Ottob.*[2] : uide L : ut de $\Delta\Phi$ **12** aequissimam $\eta H^2 L^2$: nequissimam $\Omega(\Delta L^1)$: nequissime Φ (*cf. [Sall.] Ad Caes. 1.3.3*) **15** deberetur $\eta\Phi$: debetur ΔL petere Δ (*corr.* $F^2\eta H$) **17** copiosa aduocatione Φ : a- c- ΔL (*def. R. Klotz 1852 coll. Arch. 17*) **18** *post* ingratiis *distinxit Ernesti* : *post* debet *plerique* : *post* extorquendum est *possis* ingratiis $\Omega(\Delta L^1)$: -tis $L^n\Phi$, *Ottob.*[2] **21** locentur Δ

his rebus aliquando uictus et perterritus ipse se dedat'. Quae mehercule omnia, cum qui contra pugnent uideo et cum illum consessum considero, adesse atque impendere uidentur neque uitari ullo modo posse; cum autem ad te, C. Aquili, oculos animumque rettuli, quo maiore conatu studioque aguntur, eo leuiora infirmioraque existimo.

48 Nihil igitur debuit, ut tu ipse praedicas. Quid? si debuisset, continuone causa fuisset cur a praetore postulares ut bona possideres? Non opinor id quidem nec ius esse nec cuiquam expedire. Quid igitur demonstrat? Va-
XV dimonium sibi ait esse desertum. Ante quam doceo id factum non esse, libet mihi, C. Aquili, ex offici ratione atque ex omnium consuetudine rem ipsam et factum simul Sex. Naeui considerare.

Ad uadimonium non uenerat, ut ais, is quicum tibi affinitas, societas, omnes denique causae et necessitudines ueteres intercedebant. Ilicone ad praetorem ire conuenit? continuone uerum fuit postulare ut ex edicto bona possidere liceret? Ad haec extrema et inimicissima iura tam cupide decurrebas ut tibi nihil in posterum quod grauius
49 aut crudelius facere posses reseruares. Nam quid homini potest turpius, quid uero miserius aut acerbius usu uenire? quod tantum euenire dedecus, quae tanta calamitas

15 *uel* 25 11 *Arusianus 481* quicum tibi societas adfinitas erat

1 se dedat *136* (*cf. § 59*) : sedeat *Ω* : cedat *ed. 1498* 6 extimo *Δ* (*corr. H*) 7 *uel* quid si debuisset? (*cf. §§ 56, 65, 76, 78*) 12 ex L^2 : ea *Ω*(*Δ* L^1) (*cf. Tull. 22, Clu. 155, Agr. 3.5*) : *om. Φ* 15 qui tum *Δ* 19 iniquissima *Φ*, *fort. recte* (*cf. Verr. II 1.19, Clu. 64, Planc. 8*) 22 uiro *ed. 1538* (*cf. Verr. II 1.67, 3.187, Clu. 136, Balb. 52*), *sed cf. Verr. II 2.185*

inueniri potest? Pecuniam cuipiam si fortuna ademit aut si alicuius eripuit iniuria, tamen dum existimatio est integra facile consolatur honestas egestatem. At non nemo aut ignominia affectus aut iudicio turpi conuictus bonis quidem suis utitur, alterius opes, id quod miserrimum est, non expectat; hoc tamen in miseriis adiumento et solacio subleuatur. Cuius uero bona uenierunt, cuius non modo illae amplissimae fortunae sed etiam uictus uestitusque necessarius sub praeconem cum dedecore subiectus est, is non modo ex numero uiuorum exturbatur sed si fieri potest infra etiam mortuos amandatur; etenim mors honesta saepe uitam quoque inopem exornat, uita turpis ne morti quidem honestae locum relinquit. Ergo 50
hercule cuius bona ex edicto possidentur, huius omnis fama et existimatio cum bonis simul possidetur; de quo libelli in celeberrimis locis proponuntur, huic ne perire quidem tacite obscureque conceditur; cui magistri fiunt et domini constituuntur qui qua lege et qua condicione pereat pronuntient, de quo homine praeconis uox praedicat et pretium conficit, huic acerbissimum uiuo uidenti-

1 *fort.* [potest] 3 at *displicet* (et *uel* ac *Hot.*), *sed cf.* *§ 59* 5 suis quidem Δ 6 miseriis $F^2\zeta L^2\Phi$: -ris $\Omega(\Delta L^1)$ 9 praeconem *Wesenberg* : -ne Ω, *uix recte* (*sic tamen codd. Dom. 52, Fin. 2.48*) 10 exturbatus Δ 11 amandatur *ed. 1538* (*cf. Quir. 10*) : mand- Ω (*cf. uu. ll. Sex. Rosc. 44, Sull. 57*) 12 inopem *Garatoni, Nisbet* (*cf. etiam Schütz*) : turpem Ω, *sententia absurda et inde ab ed. 1538 uarie temptata; male me iudice* ⟨tam⟩ turpis *Lehmann* (⟨haec⟩ *iam Hot.*, ⟨ita⟩ *Turnebus*) *fort.* inopem quoque *fort.* nota 13 *caue ne* ergo … *ex* etenim … *colligi credas* 16 ne $F^2\zeta L$: me $\Omega(\Delta\Phi)$ 17 obscuraque contenditur Δ (*corr.* $F^2\eta$)

que funus indicitur, si funus id habendum est quo non amici conueniunt ad exequias cohonestandas sed bonorum emptores ut carnifices ad reliquias uitae lacerandas
XVI 51 et distrahendas. Itaque maiores nostri raro id accidere uoluerunt; praetores ut considerate fieret comparauerunt; uiri boni cum palam fraudantur, cum experiundi potestas non est, timide tamen et pedetemptim istuc descendunt, ui ac necessitate coacti, inuiti, multis uadimoniis desertis, saepe illusi ac destituti. Considerant enim quid et quantum sit alterius bona proscribere. Iugulare ciuem ne iure quidem quisquam bonus uult; mauult enim commemorare se cum posset perdere pepercisse quam cum parcere potuerit perdidisse. Haec in homines alienissimos, denique inimicissimos uiri boni faciunt et hominum existimationis et communis humanitatis causa, ut cum ipsi nihil alteri scientes incommodarint nihil sibi iure incom-
52 modi cadere possit. Ad uadimonium non uenit – quis? Propinquus. Si res ista grauissima sua sponte uideretur,

17 *Seuerianus 18* (*Halm 365.9–12*) Ad uadimonium non uenit Quintius ... Si res ista grauissima sua sponte uideretur, tamen necessitudinis nomine leuaretur

50 2–53 6 sed bonorum emptoris ut ... dedisses tu te collegis- *aderat P*

1 est *Halm* (*cf. § 7, Sex. Rosc. 134, Clu. 34, 122, Agr. II 102*) : sit *Ω, fort. ex* -st *ortum* (*cf. Madvig 1834, 1842*) **4** accedere *Δ* (*corr. ηH*) **11** enim *om. P, fort. recte* commemorari H^2 (commemori H^1), *85* (*cf. Verr. I 18*), *sed cf. Phil. 2.5* **12** posset ... potuerit *mirum* **13** alienissimos ⟨-imos⟩ *Hartman* **14** ⟨in⟩ inimicissimos *Manut. 1579* **15** causa $F^2 \eta H^2 L$: -am *Ω*(*ΔΦ*) **16** sibi *scripsi* : ipse *Ω* : ipsis ηL^2(*cf. Verr. II 1.39, Lebr. 131–2*), *post* ipsi *adeo inopportunum ut* [ipsi] *Ernesti* : in se F^2, *sed* cadere in *idem solet esse quod* pertinere ad (*cf. tamen Sest. 30*)

tamen eius atrocitas necessitudinis nomine leuaretur. Ad uadimonium non uenit – quis? Socius. Etiam grauius aliquid ei deberes concedere quicum te aut uoluntas congregasset aut fortuna coniunxisset. Ad uadimonium non uenit – quis? Is qui tibi praesto semper fuit. Ergo in eum qui semel hoc commisit ut tibi praesto non esset omnia tela coniecisti quae parata sunt in eos qui permulta male agendi causa fraudandique fecerunt?

Si dupundius tuus ageretur, Sex. Naeui, si in paruula 53
re captionis aliquid uererere, non statim ad C. Aquilium aut eorum aliquem qui consuluntur cucurrisses? cum ius amicitiae societatis affinitatis ageretur, cum offici rationem atque existimationis duci conueniret, eo tempore tu non modo non ad C. Aquilium aut L. Lucilium rettulisti

9–54 21 *Rufinianus 10* (*Halm 41.11–23*) Si dupondius *usque ad* adfinitatis ageretur ... Ego hunc pro te *usque ad* intercedit ... Pro Sextio (profecto *Garatoni*) si recte uestram bonitatem atque prudentiam agnoui enim multum me fallit si conq. r.s.: primum expectari

1 eius atrocitas *om. Seuerianus* **4** *numerosius fuerit* coniunxet (*cf. § 43 et A. Klotz in ed. Lips. ad Balb. 16*) **10** captionis *ed. Rom.* : captiuis *uel* -tuus $\Delta L^1 \Phi$: captitus L^2 : -capitulationis *Rufin.* uererere F^2, *Rufin.* : uerere Ω non *om. Rufin.* **11** eorum *Rufin.*, λ : forum Ω($L\Phi$: aut ... Aquilium *om.* Δ) qui *Rufin., 69* : cui Ω cucurrisses *Rufin., 36* : concurr- Ω **12** affinitatis *om. P* **14** modo non *P* : modo Ω lucilium *P* (*iam Manut. 1579*) : lucullum Ω retulisti sed ne ipse quidem te consuluisti *P* : ne ipse quidem te consuluisti sed ne ipse quidem ad te retulisti Ω

sed ne ipse quidem te consuluisti, ne hoc quidem tecum locutus es?: 'Horae duae fuerunt: Quinctius ad uadimonium non uenit. Quid ago?'. Si mehercule haec tecum duo uerba fecisses, 'quid ago?', respirasset cupiditas atque auaritia, paulum aliquid loci rationi et consilio dedisses, tu te collegisses, non in eam turpitudinem uenisses ut hoc tibi esset apud tales uiros confitendum, qua tibi uadimonium non sit obitum, eadem te hora consilium cepisse

XVII 54 hominis propinqui fortunas funditus euertere. Ego nunc pro te hos consulo post tempus et in aliena re, quoniam tu in tua re cum tempus erat consulere oblitus es. Quaero abs te, C. Aquili, L. Lucili, P. Quintili, M. Marcelle – uadimonium mihi non obiit quidam socius et affinis meus quicum mihi necessitudo uetus, controuersia de re pecuniaria recens intercedit: postulone a praetore ut eius bona mihi possidere liceat, an cum Romae domus eius, uxor, liberi sint, domum potius denuntiem? Quid est quod hac tandem de re uobis possit uideri? Profecto si recte uestram bonitatem atque prudentiam cognoui, non multum me fallit, si consulamini, quid sitis responsuri: primum expectare, deinde, si latitare ac diutius ludificare uidea-

8 *Macrobius De diff. uel soc.* (*De Paolis 137.11–12*) consilium cepisse hominis fortunas funditus euertere

1 hoc *P* : haec *Ω* 2 es *om. P* 4 quid ago *fort. delendum, sed cf. Pis. 72–3, Planc. 75* 5 *ante* paulum *dist. Madvig 1856* (*cf. Sex. Rosc. 115*) : *post* paulum *priores, fort. recte* (*cf. Clu. 200*) paulum *P* : paululum *Ω* 7 confitendum *η* : confici- *Ω* 9 nunc pro te *Rufin.* : p- t- n- *Ω* 10 hos *Rufin.* (*et coni. Lamb.*) : hoc *Ω* 12 lucili *Manut. 1579* : -ille *Rufin.* : -ulli *ΔΦ* : -ulle *L* 14 quocum *Rufin.* 17 denuntio *Madvig 1856* 19 agnoui *Rufin.* 20 responsuri sitis *Rufin.* 21 expectare *'ad* oportere *referendum est' Facciolatus, et ita distinxi* expectari *Rufin.*

tur, amicos conuenire, quaerere quis procurator sit, domum denuntiare – dici uix potest quam multa sint quae respondeatis ante fieri oportere quam ad hanc rationem extremam necessario deuenire.

Quid ad haec Naeuius? Ridet scilicet nostram amen- 55
tiam, qui in uita sua rationem summi offici desideremus et instituta uirorum bonorum requiramus. 'Quid mihi' inquit 'cum ista summa sanctimonia ac diligentia? Viderint' inquit 'ista officia uiri boni. De me autem ita considerent: non quid habeam sed quibus rebus inuenerim quaerant. Et quem ad modum natus et quo pacto educatus sim memini. Vetus est de scurra multo facilius diuitem quam patrem familias fieri posse'. Haec ille, si uerbis 56
non audet, re quidem uera palam loquitur. Etenim si uult uirorum bonorum instituto uiuere, multa oportet discat ac dediscat, quorum illi aetati utrumque difficile est.

'Non dubitaui' inquit 'cum uadimonium desertum es- XVIII

5 *Aquila Romanus 4* (*Halm 24.2–7*) Quid Sex. Naeuius? Ridet nostram amentiam scilicet cum ab eo officia boni uiri desideramus. Et quem ad modum natus, inquit, et quem ad modum educatus sum memini. Vetus est de scurra diuitem facilius quam patrem familias fieri posse *Rufinianus 5* (*Halm 39.28–30*) Quid ad haec *usque ad* requiramus

1 conuenire *λ* : -iri *Ω* ecquis *Vrsinus, cui iure obloquitur A. Klotz* 4 necessario *Gulielmius* : -iam *Ω* : nec necessariam *Hot.* : necesse sit *Ernesti* 7 bonorum uirorum *Rufin.* 7–9 *prius* inquit *om. Φ, alterum del. Manut. 1540, sed cf. Verr. II 2.127, 4.32, Q. Rosc. 32* 11 *incertum quomodo iungenda sint* quaerant (⟨ut⟩ non *Pluygers*), memini (*cum antecedentibus Aquila;* meminerint *cod. Vrsini*), de scurra 12 uetus est *ut Fam. 7.3.4*

set bona proscribere'. Improbe, uerum quoniam tu id tibi arrogas et concedi postulas, concedamus. Quid? si numquam deseruit, si ista causa abs te tota per summam fraudem et malitiam ficta est, si uadimonium omnino tibi cum P. Quinctio nullum fuit, quo te nomine appellemus? Improbum? At etiam si desertum uadimonium esset, tamen in ista postulatione et proscriptione bonorum improbissimus reperiebare. Malitiosum? Non negas. Fraudulentum? Iam id quidem arrogas tibi et praeclarum putas. Audacem, cupidum, perfidiosum? Vulgaria et obsoleta
57 sunt, res autem noua atque inaudita. Quid ergo est? Vereor mehercule ne aut grauioribus utar uerbis quam natura fert aut leuioribus quam causa postulat. Ais esse uadimonium desertum. Quaesiuit a te statim ut Romam rediit Quinctius quo die uadimonium istuc factum esse diceres. Respondisti statim Nonis Februariis. Discedens in memoriam redit Quinctius quo die Roma in Galliam profectus sit. Ad ephemeridem reuertitur, inuenitur dies profectionis pridie Kal. Februarias. Nonis Februariis si Romae fuit, causae nihil dicimus quin tibi uadimonium
58 promiserit. Quid? hoc inueniri qui potest? Profectus est una L. Albius, homo cum primis honestus: dicet testimonium. Prosecuti sunt familiares et Albium et Quinctium:

1 uerum *85* : utrum *Ω* 4 ficta *85* : facta *Ω* 8 malitiosum non *Lamb.* : n- m- *Ω* 12 *fort.* natura ⟨mea⟩ *uel* ⟨mea⟩ natura (*hoc Nisbet; cf. Pis. fr. 9*) 17 redit *Mueller 1860* : -iit *Ω* Roma $F^2\eta H\Phi$: -am *Ω*(ΔL) 18 ephemeridem *85* : -dim *Ω* 19 pridie *cum § 24 non congruere uidit Syluius* : a. d. IV *Orelli* (IV *iam Schütz*) : ⟨...⟩ pridie *Havet* 21 inueniri *improbat Hartman ut ex praecedentibus repetitum* 22 dicet *Ottob.*^{2} : -it *Ω* 23 prosecuti $F^2 H(?) L^3$: -fecti *Ω*

dicent hi quoque testimonium. Litterae P. Quincti, testes
tot quibus omnibus causa iustissima est cur scire potuerint, nulla cur mentiantur, cum astipulatore tuo compara-
buntur – et in hac eius modi causa P. Quinctius laborabit 59
et diutius in tanto metu miser periculoque uersabitur, et
uehementius eum gratia aduersari perterrebit quam fides
iudicis consolabitur? Vixit enim semper inculte atque
horride, natura tristi ac recondita fuit: non ad solarium,
non in campo, non in conuiuiis uersatus est. Id egit ut
amicos obseruantia, rem parsimonia retineret; antiquam
offici rationem dilexit, cuius splendor omnis his moribus
obsoleuit. At si in causa pari discedere inferior uideretur,
tamen esset non mediocriter conquerendum. Nunc in
causa superiore ne ut par quidem sit postulat: inferiorem
esse se patitur, dumtaxat usque eo ne cum bonis fama
fortunisque omnibus Sex. Naeui cupiditati crudelitatique
dedatur.

Docui quod primum pollicitus sum, C. Aquili, causam XIX 60
omnino cur postularet non fuisse, quod neque pecunia
debebatur et si maxime deberetur commissum nihil esse
quare ad istam rationem perueniretur. Attende nunc ex
edicto praetoris bona P. Quincti possidere nullo modo potuisse. Recita edictum. QVI FRAVDATIONIS CAVSA

3 cur *C*F^2*HL* : *om.* *EΦ* 4 laborabit F^2L^2 : -uit *Ω* 6 eum *HL* : cum *ΔΦ* 14 inferiorem *Δ*L^3*Φ* : -ore L^1 15 esse se *ed. 1527* (*cf. Flacc. 42*) : esse *Ω* : se esse *85* 20 esset *69*, erat *Ernesti*, est *Oetling*, *sed cf. § 89* unum fuisse 22 possideri 69^1 (*cf. § 86*), *sed cf. supra* postularet 23 recita *Naug. 1534* (tracta *iam ed. 1499*) : tractat *Ω*, *fort. recte* Recita. EDICTVM. *Kinsey* (*sic saepe in Verrinis, ut II 3.26*)

LATITABIT. Non est is Quinctius, nisi si latitant qui ad negotium suum relicto procuratore proficiscuntur. CVI HERES NON EXTABIT. Ne is quidem. QVI EXILI CAVSA SOLVM VERTERIT. ⟨...⟩ Quo tempore existimas oportuisse, Naeui, absentem Quinctium defendi aut quo modo? Tum cum postulabas ut bona possideres? Nemo affuit; neque enim quisquam diuinare poterat te postulaturum, nec quemquam attinebat id recusare quod
61 praetor non fieri sed ex edicto suo fieri iubebat. Qui locus
igitur absentis defendendi procuratori primus datus est? Cum proscribebas. Ergo affuit, non passus est, libellos deiecit Sex. Alfenus; qui primus erat offici gradus seruatus est a procuratore summa cum diligentia. Videamus quae deinde sint consecuta. Hominem P. Quincti deprehendis in publico, conaris abducere. Non patitur Alfenus, ui tibi adimit, curat ut domum reducatur ad Quinctium; hic quoque summe constat procuratoris diligentis officium. Debere tibi dicis Quinctium: procurator negat. Vadari uis: promittit. In ius uocas: sequitur. Iudicium postulas: non recusat. Quid aliud sit absentem defendi ego non intelligo.

62 At quis erat procurator? Credo aliquem electum hominem egentem, litigiosum, improbum, qui posset scurrae

1 latitabit *Mommsen coll. Dig. 42.4.7.1.* : -arit *Naug. 1534* (*et fons correctoris* F^2 *ut uid.; cf. Praef. XXXIV–XXXV*) : -at η : *om.* Ω **4** *post* uerterit *lac. Naug. 1519* : *nulla in* Ω (*cf. Praef. XLV–XLVI, LIII*) **6** possideres? Nemo *Manut. 1540* : *sine dist. priores* **9** ex *C* : *om.* $\Omega(EHL\Phi)$ **11** deiecit $F^2\eta L^2$: -fec- Ω **14** conseruata Δ (*eaedem uu. ll. Flacc. 98*) **16** adimit *85* : -emit Ω **18–19** uadarius Δ **19** promittit $F^2\Phi$: -i $\Omega(\Delta L)$ uocas $F^2\eta L^2$: -at Ω

diuitis cotidianum conuicium sustinere. Nihil minus: eques Romanus locuples, sui negoti bene gerens, denique is quem quotiens Naeuius in Galliam profectus est procuratorem Romae reliquit – et audes, Sex. Naeui, negare XX
absentem defensum esse Quinctium? Cum eum defenderit idem qui te solebat et cum is iudicium acceperit pro Quinctio cui tu et rem et famam tuam commendare proficiscens et concredere solebas, conaris hoc dicere, neminem extitisse qui Quinctium iudicio defenderet?

'Postulabam' inquit 'ut satis daret'. Iniuria postulabas 63
(ita uidebare): recusabat Alfenus. 'Ita, uerum praetor decernebat.' Tribuni igitur appellabantur. 'Hic te' inquit 'teneo: non est istud iudicio pati neque iudicio defendere, cum auxilium a tribunis petas'. Hoc ego, cum attendo qua prudentia sit Hortensius, dicturum esse eum non arbitror; cum autem antea dixisse audio et causam ipsam considero, quid aliud dicere possit non reperio. Fatetur enim libellos Alfenum deiecisse, uadimonium promisisse, iudicium quin acciperet in ea ipsa uerba quae Naeuius edebat non recusasse, ita tamen ⟨...⟩ more et insti-

1 diuitis *L*Φ : deuictis *Δ* **5** *interrog. post* Quinctium *posui* : *post* solebas *plerique* : *post* solebat *ed. 1522* **6** acceperit *69* : -ciperet *Ω* (*cf. § 44*) **7** et rem *L* : ueterem *Ω*(*Δ*Φ) **8** conaris $L^2\Phi$: -ares $\Omega(\Delta L^1)$ **10** daret *ed. Bonon.* : darent *Ω* : daretur *Ottob.* **11** pretor $F^2\eta\Phi$: -tore *Ω*(*ΔL*) **13** ⟨iudicio⟩ pati neque iudicio *Kayser* (⟨iudicium⟩ *iam Angelius; cf. § 87, Verr. II 2.60, 3.68*) : p- n- i- *Ω* : *fort.* i- p- n- **14** a *om. Δ* (*add.* F^2H^2) ego *η* : ego te *Ω* **19** accipere *Δ* (*corr.* F^2) **20** *lac. hic Kübler, post* recusasse *Lamb., qui* cum satis dare (a praetore *add. ed. 1572*) iuberetur recusasse *suppleuit, satis bene, sed* ita tamen *mirum non sequente* ut *uel sim.* (*aliter enim opinor § 84, Caecin. 53, nisi forte hic quoque ex scripto uerba afferuntur*)

tuto, per eum magistratum qui auxili causa constitutus
64 est. Aut haec facta non sint necesse est aut C. Aquilius,
talis uir, iuratus hoc ius in ciuitate constituat, cuius procurator non omnia iudicia quae quisque in uerba postularit recusarit, cuius procurator a praetore tribunos appellare ausus sit, eum non defendi, eius bona recte possideri
posse, ei misero, absenti, ignaro periculi fortunarum suarum omnia uitae ornamenta per summum dedecus et
65 ignominiam deripi conuenire. Quod si probari nemini potest, illud certe probari omnibus necesse est, defensum
esse iudicio absentem Quinctium. Quod cum ita sit, ex
edicto bona possessa non sunt. At enim tribuni plebis ne
audierunt quidem. Fateor, si ita est, procuratorem decreto praetoris oportuisse parere. Quid? si M. Brutus inter-
cessurum se dixit palam nisi quid inter ipsum Alfenum et
Naeuium conueniret, uideturne intercessisse appellatio
tribunorum non morae sed auxili causa?
XXI 66 Quid deinde fit? Alfenus, ut omnes intelligere possent
iudicio defendi Quinctium, ne qua subesse posset aliena

1 auxilii ... constitutus $F^2\eta$: -ium ... -ta Ω 5 recusarit *hic posui, ante* omnia *iam 69* : *om.* Ω : acceperit *hic R. Klotz 1852* (assumpserit *12*), *post* iudicia *iam 7, 136, quod ut recipiatur delendum erit cum Hot.* non cuius procurator Ω : *fort.* cum satis dare iuberetur (*recte enim insulsam iterationem duxit Madvig 1856, qui* cuius procurator ... postularit *deleuit*) tribunos Φ : tribunus Δ : a tribunis *L* 7 periculi *Schütz coll. § 45* (*cf. etiam Verr. II 2.76*) : *om.* Ω (*cf. Praef. XLIX*) : [fortunarum suarum] *Hartman* 9 deripi *Ernesti* : di- Ω 11 sit *46, 87* : est Ω 14 pretoris λ : praetoris Romani *compendiose* Ω (pretoris .R. ΔL, .pr.r. Φ; *cf. § 30*) 17 mor(a)e $F^2L^n\Phi$: morte $\Omega(\Delta L^1)$ more nec auxili *Garatoni 1777* (*cf. § 63*)

aut ipsius officio aut huius existimatione suspicio, uiros
bonos complures aduocat. Testatur isto audiente se pro
communi necessitudine id primum petere, ne quid atro-
cius in P. Quinctium absentem sine causa facere conetur;
sin autem inimicissime atque infestissime contendere
perseueret, se paratum esse omni recta atque honesta ratione defendere quod petat non deberi, se iudicium id
quod edat accipere. Eius rei condicionisque tabellas obsig- 67
nauerunt uiri boni complures. Res in dubium uenire
non potest. Fit rebus omnibus integris, neque proscriptis
neque possessis bonis, ut Alfenus promittat Naeuio sisti
Quinctium. Venit ad uadimonium Quinctius. Iacet res in
controuersiis isto calumniante biennium usque dum
inueniretur qua ratione res ab usitata consuetudine recederet et in hoc singulare iudicium causa omnis conclude-
retur.

Quod officium, C. Aquili, commemorari procuratoris 68
potest quod ab Alfeno praeteritum esse uideatur? quid af-
fertur quare P. Quinctius negetur absens esse defensus?
An uero id quod Hortensium, quia nuper iniecit et quia
Naeuius semper id clamitat, dicturum arbitror, non fuisse
Naeuio parem certationem cum Alfeno illo tempore illis
dominantibus? Quod si uelim confiteri, illud opinor con-
cedant, non procuratorem P. Quincti neminem fuisse sed
gratiosum fuisse. Mihi autem ad uincendum satis est

66 4–69 14 -sentem sine causa ... commemorando renoua- ***habebat P***

2 testatur ηH : -antur Ω 7 petat L^2 : peto at Ω : patet *P* 8 quod edat L^2 : quod dedat $\Omega(\Delta\Lambda^1)$: quo dedat Φ 12 iacet *Angel.* : tacet Ω (*cf. Q. Rosc. 25*) 14 recederet *PHL* : -cid- *CE*Φ 15 et *om. P* 17 C. *Lamb.* : *om.* Ω Aquilii *P* 18 offertur Δ (*corr.* F^2) 19 negetur absens *P* (a- n- *iam Latomus*) : a- negatur Ω 23 concedent F^2 (*cf. Caecil. 54, Verr. II 3.114, ubi tamen non praecedit coniunctiuus*)

fuisse procuratorem quicum experiretur; qualis is fuerit, si modo absentem defendebat per ius et per magistratum,
69 nihil ad rem arbitror pertinere. 'Erat' inquit 'illarum partium'. Quidni, qui apud te esset eductus, quem tu a puero sic instituisses ut nobili ne gladiatori quidem faueret? Si, quod tu semper summe cupisti, idem uolebat Alfenus, ea re tibi cum eo par contentio non erat? 'Bruti' inquit 'erat familiaris; itaque is intercedebat'. Tu contra Burreni, qui iniuriam decernebat, omnium denique illorum qui tum et poterant per uim et scelus plurimum et quod poterant id audebant. An omnes tu istos uincere uolebas qui nunc tu ut uincas tanto opere laborant? Aude id dicere non palam sed eis ipsis quos aduocasti – tamenetsi nolo eam rem commemorando renouare cuius omnino rei memoriam
XXII 70 omnem tolli funditus ac deleri arbitror oportere. Vnum illud dico: si propter partium studium potens erat Alfenus, potentissimus Naeuius; si fretus gratia postulabat aliquid iniquius Alfenus, multo iniquiora Naeuius impetrabat. Neque enim inter studium uestrum quicquam ut opinor

1 experiretur *P, numerosius* : -iri posset *Ω* (*cf. §§ 75, 85, et formulam* experiundi potestas, *quam § 51 habes*) 2 et per *PΩ* 4 quid neque *P* eductus *P, numerosius* : educatus *Ω* (*cf. § 21*) 5 faueret *P* (*iam Vrsinus ex cod.; u. Praef. n. 48*) : ueret *Ω* si quod *P* : sicut *Ω* 6 cupisti *P* (*cf. Sex. Rosc. 13*) : concup- *Ω* 7 non *P* : *om. Ω* 8 ita quis *P* burreni *ΔΦ* : bureni *L* (*cf. §§ 25, 30*) 9 iniuria *Manut. 1579 ex ant. libro, sed aliter Verr. II 3.7* et poterant *Ω* : poterant *P* 11 audiebant *Δ* (*corr.* $F^2 \eta H^2$) *fort.* tum istos 12 laborant *HLΦ* : -as *C* : -ans *E* aude *LΦ* : tu de *Δ* 13 his *Ω* : *om. P* aduocasti L^3, *36* : -astis *Ω* *fort.* Tamenetsi ... oportere, tametsi *Ottob.*[2] (*?*), *69, 81* 18 iniquus *Δ* (*corr.* $F^2 \eta$) multa *Δ* 19 studium E^2*HLΦ* : fundum *C*E^1

interfuit: ingenio, uetustate, artificio tu facile uicisti. Vt
alia omittam, hoc satis est: Alfenus cum eis et propter eos
periit quos diligebat, tu post quam qui tibi erant amici
non poterant uincere ut amici tibi essent qui uincebant
effecisti. Quod si tum par tibi ius cum Alfeno fuisse non 71
putas quia tamen aliquem contra te aduocare poterat,
quia magistratus aliqui reperiebatur apud quem Alfeni
causa consisteret, quid hoc tempore Quinctio statuendum
est, cui neque magistratus adhuc aequus inuentus est neque iudicium redditum est usitatum, non condicio, non
sponsio, non denique ulla umquam intercessit postulatio,
mitto aequa, uerum ante hoc tempus ne fando quidem
audita? 'De re pecuniaria cupio contendere.' 'Non licet.'
'At ea controuersia est.' 'Nihil ad me attinet. Causam capitis dicas oportet.' 'Accusa ubi ita necesse est.' 'Non' inquit 'nisi tu ante nouo modo priore loco dixeris'. 'Dicendum necessario est.' 'Praestituentur horae ad arbitrium
nostrum: iudex ipse coercebitur.' 'Quid tum?' 'Tu ali- 72
quem patronum inuenies, hominem antiqui offici qui
splendorem nostrum et gratiam negligat. Pro me pugnabit
L. Philippus, eloquentia grauitate honore florentissimus
ciuitatis; dicet Hortensius, excellens ingenio nobilitate
existimatione; aderunt autem homines nobilissimi ac po-

1 uenustate *coniecisse Turnebum et Muretum auctor est Lallemand* **2** [hoc satis est] *Hartman* **7** aliqui *ΔΦ* : -quis *F*²*L* **14** at *Ottob.*² : ad *Ω* **15** ubi *F*²*L* : ibi *ΔΦ* **16** dicendum necessario est *non intelligo* (⟨diu⟩ dicendum *Pluygers, sed cf. Caecil. 10, Dom. 93*) **17** praestituentur *Madvig 1856* (-dae *iam Naug. 1534*) : restituendum *Ω* (-dae *136*) **18** coercebitur *R. Klotz 1852 tacite* : erc- *LY* : arc- *ΔX* **20** pugnabit *L* : -uit *Ω*(*ΔΦ*)

tentissimi, eorum frequentiam et consessum ut non modo
P. Quinctius, qui de capite decernit, sed quiuis qui extra
73 periculum sit perhorrescat.' Haec est iniqua certatio, non
illa qua tu contra Alfenum utebare. Aliquid tamen Alfeno aequi dabas: huic ne ubi consisteret quidem contra
te locum reliquisti.

Quare aut doceas oportet Alfenum negasse se procuratorem esse, non deiecisse libellos, iudicium accipere noluisse, aut cum haec ita facta sint ex edicto te bona P. Quincti non possedisse concedas.

XXIII Etenim si ex edicto possedisti, quaero cur bona non ue-
nierint, cur ceteri sponsores et creditores non conuene-
rint. Nemone fuit cui deberet Quinctius? Fuerunt, et
complures fuerunt, propterea quod C. frater aliquantum
aeris alieni reliquerat. Quid ergo est? Homines erant ab
hoc omnes alienissimi et eis debebatur, neque tamen
quisquam inuentus est tam insignite improbus qui uio-
74 lare P. Quincti existimationem absentis auderet. Vnus fuit
affinis socius necessarius, Sex. Naeuius, qui cum ipse ultro deberet ⟨...⟩, qui quasi eximio praemio sceleris exposito cupidissime contenderet ut per se afflictum atque
euersum propinquum suum non modo honeste partis bonis uerum etiam communi luce priuaret. Vbi erant ceteri
creditores? denique hoc tempore ubi sunt? quis est qui
fraudationis causa latuisse dicat, quis qui absentem de-

1 eorum *55^2* (*licet desit alterum* ut) : ut (*lac.* Φ) eorum Ω consessum $\eta L \Phi$: -sensum Δ (*cf. § 12*) ut *del.* $F^2\eta$ **4** *fort.* tum (*cf. § 71*) ⟨utebare aliquid tamen Alfeno⟩ aequi dabas *Madvig 1884* (*cf. § 87*) : equitabas Ω : uelitabaris *Angel.* (-bare *debuit, et mallem* dimicabas), *mox* huic ⟨enim⟩ *Schütz* **20** *lac. ante* qui quasi *A. Klotz* : *nulla in* Ω : [qui] *69^1, 85*

fensum neget esse Quinctium? Nemo inuenitur. At con- 75
tra omnes quibuscum ratio huic aut est aut fuit assunt,
defendunt, fides huius multis locis cognita ne perfidia
Sex. Naeui derogetur laborant. In huius modi sponsionem testes dare oportebat ex eo numero qui haec dice-
rent: 'Vadimonium mihi deseruit, me fraudauit, a me no-
minis eius quod infitiatus esset diem petiuit, ego experiri
non potui, latitauit, procuratorem nullum reliquit'. Horum nihil dicitur: parantur testes qui dicant. Verum opinor uiderimus cum dixerint. Vnum tamen hoc cogitent,
ita se graues esse ut si ueritatem uolent retinere grauitatem possint obtinere; si eam negligent, ut omnes intelli-
gant non ad obtinendum mendacium sed ad uerum pro-
bandum auctoritatem adiuuare. Ego haec duo quaero, XXIV 76
primum qua ratione Naeuius susceptum negotium non
transegerit, hoc est cur bona quae ex edicto possidebat
non uendiderit, deinde cur ex tot creditoribus alius ad
istam rationem nemo accesserit, ut necessario confiteare
neque tam temerarium quemquam fuisse neque te ipsum
id quod turpissime suscepisses perseuerare et transigere
potuisse.

Quid si tu ipse, Sex. Naeui, statuisti bona P. Quincti ex

4 sponsione *H* (*cf.* *§ 37*) 7 esset *non intelligo* 9 dicant *Garatoni* : hoc d- *Ω* : haec d- *H* uerum *id est 'ueritatem' credo* (*cf. Lebr. 201, ubi nude positum* uiderimus *uel sim. non inuenio*), *sed cf. Sex. Rosc. 49, Caecin. 21, Verr. II 1.26* 12 negligent *69* : -ligerunt *Ω* (-ligeř *C*, -legeř *E*, -ligert̄ *L*) : -lexerunt *ηH* : -lexerint *Φ* : -ligere *78 aliique multi ex F orti* ut *Madvig 1856* : ita leues sint ut *Ω, absurde* : ita leues ut *ed. 1538*, ita leues esse ut *Clark, sed* ita *supra 'hac condicione' est, non 'adeo'* 15 non L^{2}*Φ* : *om.* *Ω*(*Δ*L^{1}), *fort. recte, sed cf. infra* 17 alius *Φ* (*cf. Verr. II 3.56*) : aliis *ΔL*

edicto possessa non esse? Opinor tuum testimonium, quod in aliena re leue esset, id in tua quoniam contra te est grauissimum debet esse. Emisti bona Sex. Alfeni L. Sulla dictatore uendente. Socium tibi in eis bonis edidisti Quinctium. Plura non dico. Cum eo tu uoluntariam societatem coibas qui te in hereditaria societate fraudarat, et eum iudicio tuo comprobabas quem spoliatum fama fortunisque omnibus arbitrabare?

77 Diffidebam mehercule, C. Aquili, satis animo certo et confirmato me posse in hac causa consistere. Sic cogitabam, cum contra dicturus esset Hortensius et cum me esset attente auditurus Philippus, fore uti permultis in rebus timore prolaberer. Dicebam huic Q. Roscio, cuius soror est cum P. Quinctio, cum a me peteret et summe contenderet ut propinquum suum defenderem, mihi perdifficile esse contra tales oratores non modo tantam causam perorare sed omnino uerbum facere conari. Cum cupidius instaret, homini pro amicitia familiarius dixi mihi uideri ore durissimo esse qui praesente eo gestum agere conarentur; qui uero cum ipso contenderent, eos etiam si quid antea recti aut uenusti habere uisi essent id amittere; ne quid mihi eiusdem modi accideret cum contra ta-
XXV 78 lem artificem dicturus essem me uereri. Tum mihi Roscius et alia multa confirmandi mei causa dixit, ut meher-

4 edidisti *69* : edisti *Ω* **14** cum et me *Δ* (*cf. § 81*) **20** conarentur *Halm* : -aretur *Ω* **21** essent *Ernesti* : sunt *Ω* **24** ut *Ω, parum concinne* : et *85, non male dummodo parenthetice* (*nam post* et alia *secuturum erat* et hoc *uel sim., cuius loco post egressum longiorem* uerum tamen *habemus ut Manil. 17–18* deinde) : *fort.* ⟨quae omnia ita dixit⟩ ut *uel sim.*

cule si nihil diceret tacito ipso officio et studio quod habebat erga propinquum suum quemuis commoueret; etenim cum artifex eius modi est ut solus dignus uideatur esse qui in scaena spectetur, tum uir eius modi est ut solus dignus uideatur qui eo non accedat. Verum tamen 'Quid? si' inquit 'habes eius modi causam ut hoc tibi planum sit faciendum, neminem esse qui possit biduo aut summum triduo septingenta milia passuum ambulare, tamenne uereris ut possis hoc contra Hortensium contendere?'. 'Minime' inquam, 'sed quid id ad rem?'. 'Nimi- 79
rum' inquit 'in eo causa consistit'. 'Quo modo?' Docet me eius modi rem et factum simul Sex. Naeui quod si solum proferretur satis esse deberet. Quod abs te, C. Aquili, et a uobis qui estis in consilio quaeso ut diligenter attendatis. Profecto intelligetis illinc ab initio cupiditatem pugnasse et audaciam, hinc ueritatem et pudorem quoad potuerit restitisse.

Bona postulas ut ex edicto possidere liceat: quo die? Te ipsum, Naeui, uolo audire; uolo inauditum facinus ipsius qui id commisit uoce conuinci. Dic, Naeui, diem. 'A. d. v

3 *Quint. 9.3.86* etenim *usque ad* accedat; *Augustinus De consensu euangelistarum 1.33.51* Nonne Cicero eorum cum Roscium quendam laudaret histrionem ita peritum dixit ut solus esset dignus qui in scaenam deberet intrare, ita uirum bonum ut solus esset dignus qui eo non deberet accedere?

3 est *Quint.* : sit *Ω, fort. recte* (*cf. Lebr. 342–3*) dignus uideatur esse qui in scenas spectetur tum uir eius modi est ut solus dignus *Ω* : uideatur dignus esse *Quint. cod. unicus A ante corr.* : uideatur dignus esse qui scaenam introeat solus *idem ex corr.* 4 scaena *H, Ottob.^{2}, L^{4}* : -as *Ω* tamen *95^{1}, ed. Ven.* 5 eo *om. Quint. cod. unicus A* 7 biduo *ζLX* : hi duo *Y* : duo *Δ* 15 illinc (-im *Mueller 1880*) … hinc *Ottob.^{2}, 136* (*cf. Clu. 83*) : illum … huic *Ω* 20 diem ante diem *Manut. 1579* (diem a. d. *Garatoni*) : diem ante *Ω*

Kal. intercalares.' Bene ais. Quam longe est hinc in saltum uestrum Gallicanum? Naeui, te rogo. 'DCC milia
passuum.' Optime. De saltu deicitur Quinctius: quo die?
possumus hoc quoque ex te audire? Quid taces? Dic, inquam, diem. Pudet dicere, intelligo, uerum et sero et nequicquam pudet. Deicitur de saltu, C. Aquili, pridie Kal.
intercalares. Biduo post, aut ut statim de iure aliquis cu-
currerit non toto triduo, DCC milia passuum conficiun-
80 tur. O rem incredibilem! o cupiditatem inconsideratam! o
nuntium uolucrem! Administri et satellites Sex. Naeui
Roma trans Alpes in Sebaginnos biduo ueniunt. O hominem fortunatum, qui eius modi nuntios seu potius Pega-
XXVI sos habeat! Hic ego si Crassi omnes cum Antoniis exi-
stant, si tu, L. Philippe, qui inter illos florebas, hanc
causam uoles cum Hortensio dicere, tamen superior sim
necesse est. Non enim, quem ad modum putatis, omnia
sunt in eloquentia: est quaedam tamen ita perspicua ueri-
81 tas ut eam infirmare nulla res possit. An ante quam postulasti ut bona possideres misisti qui curaret ut dominus

7 *Seuerianus 10* (*Halm 360.17–21*) Septingenta milia passuum biduo cursa sunt ... O rem *usque ad* uolucrem! ... Romam (Roma *ed. pr.*) trans Alpis biduo ueniunt. O hominem fortunatum, qui eiusmodi (*u.l.* huiusmodi) nuntios seu potius Pegasos habeat!

1 ais *Φ* (*sc. quod hoc respondes*) : agis *ΔL* (*sc. quod respondes; cf. Caecin. 37, Verr. II 3.135, 146; eaedem uu. ll. Caecin. 19, Balb. 8*) **10** administri *Angel.* : at min- *Ω* **11** Roma *η* : -am *Ω* sebaginnos *ΔL, ignotos* : sebagranos *Φ, ignotos* : Cebennas *Hirschfeld, uix recte* **15** uelis *Lamb.* **18** ⟨Vtrum igitur Naeui nuntius tuus biduo DCC milia passuum confecit⟩ an *Schütz*

de suo fundo a sua familia ui deiceretur? Vtrumlibet elige: alterum incredibile est, alterum nefarium, et ante hoc tempus utrumque inauditum. Septingenta milia uis esse decursa biduo? Dic. Negas. Ante igitur misisti. Malo. Si enim illud diceres, improbe mentiri uiderere; cum hoc confiteris, id te admisisse concedis quod ne mendacio quidem tegere possis. Hoc consilium Aquilio et talibus uiris tam cupidum, tam audax, tam temerarium probabitur? Quid haec amentia, quid haec festinatio, quid haec 82
immaturitas tanta significat? Non uim, non scelus, non latrocinium, non denique omnia potius quam ius, quam officium, quam pudorem? Mittis iniussu praetoris: quo consilio? Iussurum sciebas. Quid? cum iussisset, tum mittere nonne poteras? Postulaturus eras. Quando? Post dies xxx. Nempe si te nihil impediret, si uoluntas eadem maneret, si ualeres, denique si uiueres. Praetor scilicet iussisset. Opinor si uellet, si ualeret, si ius diceret, si nemo recusaret qui ex ipsius decreto et satis dare et iudicium accipere uellet. Nam per deos immortales si Alfenus 83
procurator P. Quincti tibi tum satis dare et iudicium accipere, denique omnia quae postulares facere uoluisset, quid ageres? Reuocares eum quem in Galliam miseras. At hic quidem iam de fundo expulsus, iam a suis dis penatibus praeceps eiectus, iam, quod indignissimum est,

1 a *EHL*^{n} : et *C* (*cf. § 77*) : *om. L*^{1}*Φ* (*etiam* sua familia *om. Φ*) **7** agere *Δ* ⟨C.⟩ Aquilio *Shackleton Bailey dubitanter* et *F*^{2}*LΦ* : de *Δ* **9** festinatio *85* (*cf. Sex. Rosc. 97*) : extim- *Ω* (*cf. § 36*) **10** uim non *LΦ* : nimium *Δ* **16** scilicet *R. Klotz 1852* : si *Ω* : *del. Naug. 1519* **18** dare *Ernesti* : daret *Ω* (*cf. §§ 31, 83, 86*) **20** tibi tum *L* : titum *Δ* : tum *Φ* dare *Lamb.* (*cf. § 82*) : daret *Ω* accipere *Gulielmius* : a- uellet *Ω, fort. ex antecedentibus* **22** *uel* miseras?

suorum seruorum manibus nuntio atque imperio tuo uiolatus esset. Corrigeres haec scilicet postea. Tu de cuiusquam uita dicere audes, qui hoc concedas necesse est, ita te caecum cupiditate et auaritia fuisse ut cum postea quid futurum esset ignorares, accidere autem multa possent, spem malefici praesentis in incerto relicui temporis euentu collocares?

Atque haec perinde loquor quasi ipso illo tempore cum te praetor iussisset ex edicto possidere, si in possessionem misisses, debueris aut potueris P. Quinctium de posses-
XXVII 84 sione deturbare. Omnia sunt, C. Aquili, eius modi quiuis ut perspicere possit in hac causa improbitatem et gratiam cum inopia et ueritate contendere. Praetor te quem ad modum possidere iussit? Opinor ex edicto. Sponsio quae in uerba facta est? SI EX EDICTO PRAETORIS BONA P. QVINCTI POSSESSA NON SVNT. Redeamus ad edictum. Id quidem quem ad modum iubet possidere? Numquid est causae, C. Aquili, quin si longe aliter possedit quam praetor edixit iste ex edicto non possederit, ego sponsionem uicerim? Nihil opinor. Cognoscamus edictum. QVI EX EDICTO MEO IN POSSESSIONEM VENERINT (de te loquitur, Naeui, quem ad modum tu putas; ais enim te ex edicto uenisse; tibi quid facias definit, te instituit, tibi praecepta dat), EOS ITA VIDETVR IN POSSESSIONE ESSE OPORTERE – quo modo? QVOD

2 i *uel sim. ante* corrigeres *add.* *Δ* (*om.* *F*[2]*Gζ*) postea tu *scripsi* (*cf. Verr. II 3.48, 4.112*) : tu p- *Ω* **5** facturum *Δ* (*om. H, corr. η*) **11** omnia ... contendere *post § 83* collocares *Lamb.* **17** quidem *LΦ* : quid est *Δ* numquid *77* (*cf. Q. Rosc. 41, Agr. 2.40, 3.3*) : nunc quid *Ω* **20** sponsionem *62* (*cf. Tull. 30, Caecin. 91, ubi* -one *Lamb.*) : -one *Ω* (*cf. Caecin. 92, ubi* -onem *edd.*)

IBIDEM RECTE CVSTODIRE POTERVNT, ID IBIDEM CVSTODIANT; QVOD NON POTERVNT, ID AVFERRE ET ABDVCERE LICEBIT. Quid tum? DOMINVM inquit INVITVM DETRVDERE NON PLACET. Eum ipsum qui fraudandi causa latitet, eum ipsum quem iudicio nemo defendat, eum ipsum qui cum omnibus creditoribus suis male agat, inuitum de praedio detrudi uetat. Proficiscenti tibi in possessionem praetor 85
ipse, Sex. Naeui, palam dicit: ita possideto ut tecum simul possideat Quinctius, ita possideto ut Quinctio uis ne afferatur. Quid? tu id quem ad modum obseruas? Mitto illud dicere, eum qui non latitarit, cui Romae domus uxor liberi procurator esset, eum qui tibi uadimonium non deseruisset – haec omnia mitto: illud dico, dominum expulsum esse de praedio, domino a familia sua manus allatas esse ante suos lares familiares. Hoc edicti

* * *

16 *Seuerianus 16* (*Halm 363.20–364.1*) Sic Cicero pro Quintio aduersarii definitionem ex opinione hominum reprehendit: 'Si quid (*u.l.* quis; qui *ed. pr.*) unum aliquem fundum quauis ratione possideat, ipsum autem dominum patiatur cetera praedia tenere, is (*u.l.* his)' inquit 'ut opinor praedium, non bona uideatur alterius possidere'. Et ponit definitionem suam: 'Quid est' inquit 'possidere? Nimirum in possessione esse earum rerum quae possunt eo tempore possideri'. Probat Naeuium non bona sed praedium possedisse: 'Cum domus erat' inquit 'Romae, serui, in ipsa Gallia priuata Publi Quinti praedia, quae numquam ausus es possidere'. Et colligit: 'Quod si bona Publi Quinti possideres, possidere omnis (*uu. ll.* -es, -ia) eo iure deberes'.

6 defendat *LΦ* : -it *Δ* : -erit *H* 7 inuictum *Δ* (*CE*), *quod idem est* 12 non F^2 : *om. Ω* latitaret *Clark ex 37, quod inconcinnius est post* mitto *quam cetera post* latitarit (*cf. Lebr. 262*) 16 lares *ηΦ* : labores *Ω* (*ΔL*) *lac. post* edicti *Naug. 1519* : *nulla in Ω* (*cf. Praef. XXXIII–XXXIV*) : *Seueriani locum primus attulit Garatoni*

Si quis unum aliquem fundum quauis ratione possideat, ipsum autem dominum patiatur cetera praedia tenere, is ut opinor praedium, non bona uideatur alterius possidere

* * *

Quid est possidere? Nimirum in possessione esse earum rerum quae possunt eo tempore possideri

* * *

cum domus erat Romae, serui, in ipsa Gallia priuata P. Quincti praedia, quae numquam ausus es possidere

* * *

Quod si bona P. Quincti possideres, possidere omnes eo iure deberes

* * *

XXIIX †nuum† ne appellasset quidem Quinctium cum simul esset et experiri posset cotidie; deinde quod omnia iudicia difficillima cum summa sua inuidia maximoque periculo P. Quincti fieri mallet quam illud pecuniarium iudicium quod uno die transigi posset, ex quo uno haec omnia nata et profecta esse concedit, quo in loco condicionem tuli, si uellet pecuniam petere, P. Quinctium iudicatum solui satis daturum dum ipse si quid peteret pari

---

1 quis *Seueriani cod. E* : quid *codd. AV* : qui *ed. pr.* alicuius *Garatoni* 8 [cum] *Garatoni* 11 omnes *Seueriani codd. AE* (-is *A*) : -ia *cod. V* 14 nuum ΔL^{1} : unum L^{n} : num *Φ* : *extrema pars ut uidetur uocis* biennium (*cf. §§ 40, 41, 67*) 15 et *Baiter* (cum *69*) : *om. Ω* 18 posset *70, 73* : potest *Ω* 21 dum *LΦ* : autem *Δ* (aut *H*)

condicione uteretur. Ostendi quam multa ante fieri con- 86
uenerit quam hominis propinqui bona possideri postula-
rentur, praesertim cum Romae domus eius, uxor, liberi
essent et procurator aeque utriusque necessarius. Docui
cum desertum esse dicat uadimonium omnino uadimonium nullum fuisse; quo die hunc sibi promisisse dicat,
eo die ne Romae quidem eum fuisse; id testibus me pollicitus sum planum facturum qui et scire deberent et causam cur mentirentur non haberent.
Ex edicto autem non potuisse bona possideri demon-
straui quod nec fraudandi causa latitasse neque exili
causa solum uertisse diceretur. Relicuum est ut eum 87
nemo iudicio defenderit; quod contra copiosissime defensum esse contendi non ab homine alieno neque ab aliquo
calumniatore atque improbo sed ab equite Romano propinquo ac necessario suo, quem ipse Sex. Naeuius procuratorem relinquere antea consuesset; neque eum si tribunos appellarit idcirco minus iudicio pati paratum fuisse,
nec potentia procuratoris Naeuio ius ereptum; contra
istum potentia sua tum tantummodo superiorem fuisse,
nunc nobis uix respirandi potestatem dare. Quaesiui quae XXIX 88
causa fuisset cur bona non uenissent cum ex edicto possi-
derentur. Deinde illud quoque requisiui, qua ratione ex
tot creditoribus nemo nec tum idem fecerit neque nunc
contra dicat omnesque pro P. Quinctio pugnent, praesertim cum in tali iudicio testimonia creditorum existimen-
tur ad rem maxime pertinere. Postea sum usus aduersari

11 latitasse *Angel.* (*cf.* §§ *74, 82*) : -asset *Ω* **13** iudicio *ηΦ* : -ium *Ω*(*ΔL*) **15** equite Romano *X* : equiter *Y* : equite *ΔL* **19** ereptum F^2*ζHΦ* : -rupt- *Ω*(*ΔL*) **25** dicta *Δ* (*corr.* F^2*η*) **26** negotio *L*

testimonio, qui sibi eum nuper edidit socium quem quo
modo nunc intendit ne in uiuorum quidem numero tum
demonstrat fuisse. Tum illam incredibilem celeritatem
seu potius audaciam protuli: confirmaui necesse esse aut
biduo DCC milia passuum esse decursa aut Sex. Naeuium diebus compluribus ante in possessionem misisse
89 quam postularet ut ei liceret bona possidere. Postea reci-
taui edictum quod aperte dominum de praedio detrudi
uetaret, in quo constitit Naeuium ex edicto non possedisse cum confiteretur ex praedio ui detrusum esse Quinctium.

Omnino autem bona possessa non esse constitui quod
bonorum possessio spectetur non in aliqua parte sed in
uniuersis quae teneri ac possideri possint. Dixi domum
Romae fuisse, quo iste ne aspirarit quidem, seruos complures, ex quibus iste possederit neminem, ne attigerit
quidem, unum fuisse quem attingere conatus sit, prohibi-
90 tum quieuisse; in ipsa Gallia cognostis in praedia priuata
Quincti Sex. Naeuium non uenisse; denique ex hoc ipso
saltu quem per uim expulso socio possedit seruos priua-
tos Quincti non omnes eiectos esse.

Ex quo et ex ceteris dictis factis cogitatisque Sex. Naeui quiuis potest intelligere istum nihil aliud egisse neque nunc agere nisi uti per uim, per iniuriam, per iniqui-

1 dedit *Δ* 7 eius *E, fort. recte* (*cf. § 54*) 9 constitit *EHL* : -sistit *CΦ* 12 omnino *Steph. 1543* : omnia *Ω* 17 prohibitum *Madvig 1873* : p- fuisse *Ω, soloece et minus numerose* : *fort.* p- esse (*cf. Luterbacher; praecessit* fuisse, *sequitur* -uisse) 21 non omnes *Naug. 1519* (*ergo saltum non possedit; cf. Dig. 43.16.1.45–6*) : omnes *Ω* (*id est seruos non possedit; sed cur non additur* possessum neminem?) electos *Δ* (*corr.* F^2 *ζ*)

tatem iudici totum agrum qui communis est suum facere
possit.
Nunc causa perorata res ipsa et periculi magnitudo, XXX 91
C. Aquili, cogere uidetur ut te atque eos qui tibi in consilio sunt obsecret obtesteturque P. Quinctius per senectutem ac solitudinem suam nihil aliud nisi ut uestrae natu-
rae bonitatique obsequamini, ut cum ueritas hac faciat
plus huius inopia possit ad misericordiam quam illius
opes ad crudelitatem. Quo die ad te iudicem uenimus, 92
eodem die illorum minas, quas ante horrebamus, negligere coepimus. Si causa cum causa contenderet, nos nostram perfacile cuiuis probaturos statuebamus: quod uitae ratio cum ratione uitae decerneret, idcirco nobis
etiam magis te iudice opus esse arbitrati sumus. Ea res
enim nunc in discrimine uersatur, utrum possitne se contra luxuriem ac licentiam rusticana illa atque inculta parsimonia defendere an deformata atque ornamentis omnibus spoliata nuda cupiditati petulantiaeque addicatur.
Non comparat se tecum gratia P. Quinctius, Sex. Naeui; 93

92 10–93 8 minas quas ... sibi ait officium *habebat P*

5 per F^2 *pro* ac *E* : per se ac *Ω(CHLΦ), quod fort. defendi potest* (*cf. Planc. 103, Ad Herenn. 4.65, Sall. Iug. 14.25, Hist. II fr. 47.13, Verg. Aen. 10.369, 597, Liu. 29.18.9, 40.9.7, Mart. 2.14.17, qui tamen loci plerumque controuersiam mouent;* ac ... ac *habes Verr. II 2.99*) 7 hac *scripsi* (*cf. G. Luck, Rhein. Mus. 105, 1962, 351*) : haec *Ω* : cum hoc *Angel.* (*numerosius* ab hoc) : huc *Vrsinus uel Vrsini liber* 12 quotuis *P, quod ex* quoiuis *ortum esse uidit Peyron* 14 magis *hic Φ* : *post* iudice *Δ* : *ante* etiam L^1 : *cum Φ an cum Δ faciat* L^2 *incertum* 15 nunc enim *P* (*cf. tamen Watt*) utrum possitne se *PΩ* 16 luxuriem *PΩ* 17 an *LΦ* : aut *Δ* 18 [nuda] *uel* [spoliata] nudata *Garatoni post* addicatur *lac. in CEΦ* : *nulla in PHL* 19 comportat *Δ* (*corr. η*H^2) Sex. *om. P*

non opibus, non facultate contendit. Omnes tuas artes quibus tu magnus es tibi concedit. Fatetur se non belle dicere, non ad uoluntatem loqui posse, non ab afflicta amicitia transfugere atque ad florentem aliam deuolare, non profusis sumptibus uiuere, non ornare magnifice splendideque conuiuium, non habere domum clausam pudori et sanctimoniae, patentem atque adeo expositam cupiditati et uoluptatibus; contra sibi officium, fidem, diligentiam, uitam omnino semper horridam atque aridam cordi fuisse. Ista superiora esse ac plurimum posse his
94 moribus sentit. Quid ergo est? – non usque eo tamen ut in capite fortunisque hominum honestissimorum dominentur ei qui relicta uirorum bonorum disciplina et quaestum et sumptum Galloni sequi maluerunt atque etiam, quod in illo non fuit, cum audacia perfidiaque uixerunt. Si licet uiuere eum quem Sex. Naeuius non uult, si est homini honesto locus in ciuitate inuito Naeuio, si fas est respirare P. Quinctium contra nutum dicionemque Naeui, si, quae pudore ornamenta sibi peperit, ea potest contra petulantiam me defendente obtinere, spes est hunc miserum atque infelicem aliquando tandem posse consistere. Sin et poterit Naeuius id quod libet et ei libebit id quod non licet, quid agendum est? qui deus appellandus est? cuius hominis fides imploranda est? qui denique questus, qui maeror dignus inueniri in calamitate tanta potest?

2 condit *P* 3 ab *om. P* 5 ornatibus magnificis *P* 8 uoluntatibus *P* sibi ⟨ait⟩ *P* 15 *post* uixerunt *lac. in Δ* 20 me *Maduig 1856* (*cf. § 8, Flacc. 98, Prou. 24, Phil. 11.11*) : te *Ω* hunc *85* : et hunc *Ω* (*cf. Hand II 499–524, ad hunc locum 513*) : etiam hunc *R. Klotz 1852* (*sed quorsum hic 'hunc quoque'?*) 21 tamen *136* 24 *post* questus *lac. in Ω, pro qua* qui luctus *Clark, sed cf. § 96* 25 [in] *Angel.*

Miserum est exturbari fortunis omnibus, miserius iniuria; XXXI 95
acerbum est ab aliquo circumueniri, acerbius a propinquo; calamitosum est bonis euerti, calamitosius cum dedecore; funestum est a forti atque honesto uiro iugulari,
funestius ab eo cuius uox in praeconio quaestu prostitit:
indignum est a pari uinci aut superiore, indignius ab infe-
riore atque humiliore; luctuosum est tradi alteri cum bonis, luctuosius inimico; horribile est causam capitis dicere, horribilius priore loco dicere. Omnia circumspexit 96
Quinctius, omnia periclitatus est, C. Aquili. Non praetorem modo a quo ius impetraret inuenire potuit, atque
adeo ne unde arbitratu quidem suo postularet, sed ne
amicos quidem Sex. Naeui, quorum saepe et diu ad pedes
iacuit stratus, obsecrans per deos immortales ut aut secum iure contenderent aut iniuriam sine ignominia sibi
imponerent. Denique ipsius inimici uultum superbissi- 97
mum subiit, ipsius Sex. Naeui lacrimans manum prehendit in propinquorum bonis proscribendis exercitatam; ob-
secrauit per fratris sui mortui cinerem, per nomen
propinquitatis, per ipsius coniugem et liberos, quibus propior P. Quinctio nemo est, ut aliquando misericordiam ca-
peret, aliquam si non propinquitatis at aetatis suae, si
non hominis at humanitatis rationem haberet, ut secum
aliquid integra sua fama qualibet dum modo tolerabili
condicione transigeret. Ab ipso repudiatus, ab amicis eius 98

1 miserius *85* : m- est *Ω* 5 uox cuius *Δ* quaestu p̄stitit *L, unde* -tum prae- *Ottob., fort. recte* (*dubiae Latinitatis* praeconius, *unde* praeconis *Oetling*) 6 aut ⟨a⟩ *Δ* 10 *post* Quintius *lac. in LΦ* : *nulla in Δ* 11 ⟨non⟩ potuit *85, sed cf. Liuii locos a K.-S. § 159 not. 9 allatos* 22 at F^2HL^2 : et *Ω*

non subleuatus, ab omni magistratu agitatus atque perterritus, quem praeter te appellet habet neminem; tibi se, tibi suas omnes opes fortunasque commendat, tibi committit existimationem ac spem relicuae uitae; multis uexatus contumeliis, plurimis iactatus iniuriis, non turpis ad te sed miser confugit. E fundo ornatissimo deiectus, ignominiis omnibus appetitus, cum illum in suis paternis bonis dominari uideret, ipse filiae nubili dotem conficere non posset, nihil tamen alienum uita superiore commisit.

99 Itaque hoc te obsecrat, C. Aquili, ut quam existimationem, quam honestatem in iudicium tuum prope acta iam aetate decursaque attulit, eam liceat ei secum ex hoc loco efferre, ne is de cuius officio nemo umquam dubitauit sexagesimo denique anno dedecore macula turpissimaque ignominia notetur, ne ornamentis eius omnibus Sex. Naeuius pro spoliis abutatur, ne per te ferat quo minus quae existimatio P. Quinctium usque ad senectutem perduxit, eadem usque ad rogum prosequatur.

9 *Arusianus 34* Nihil tamen alienum uita superiore commisit

8 nubili H^2L : no- *ΔΦ* 9 posset *69, 70* : -sit *Ω* tamen alienum *Arusianus* : a- t- *Ω* 14 dedecoris *85, sed cf. Verr. II 3.144* 16 fiat *Passerat* 17 perduxit *CHΦ* : pro- *EL, pessime* (*cf. § 30*)

subscriptio nulla in CELXY : Amen *statim post* prosequatur, *deinde interposito spatio* M. Tullii Ciceronis oratio pro P. Quintio feliciter explicit *H*

CODICVM L ET Φ LECTIONES SINGVLARES

Vide sis praefationem, p. LVII. Ibidem pp. IX–X inuenientur ei codicis Φ errores qui male intellecta scriptura Beneuentana orti uidentur, pp. XXI–XXIV utriusque omissiones et transpositiones. Cum codicis L manus prima saepe se ipsa correxerit nec semper quo tempore id fecerit aut quid primo scripserit dispici aut colligi possit (de qua re uide pp. XXXVIII–XL), exclusi plerumque eas lectiones quae iam ante descriptum Ottobonianum Lat. 1991 correctae erant aut possunt fuisse.

3 10 et *Φ* **4 15** aliis *Φ* **4** obedire *Φ* **6 18** homines conficit *Φ* **5** et *Φ* **8 20** tum *pro* autem L **10 17** fuerunt *Φ* **18** Q. *Φ* **22** ignoscatis *Φ* **11 9** dedisset *pro* reliquisset *Φ* **12 13** feci *Φ* **14** harum *Φ* **14 12** relinquit *L* **16 4** cum *pro* eum *Φ* **11** rationem *Φ* imitabatur *L* **13** ⟨simul⟩ romam simul *Φ* **18 3** neuius *Φ* **19 4** cum iste *L* **6** putet *Φ* **20 16** [dies] *L, Ottob.*[1] **18** difficiliori *Φ* **21 24** poterant *Φ* **23 13** uadimonio ⟨non⟩ *Φ* **17** posset *L* **25 10** conscribi *Φ* **27 2** inhiberit *Φ* **28 9** galliam *L* **30 7** non *pro* nihil *Φ* **13** oporteret *L*[1] *Ottob.*[1] **34 5** possit *Φ* **35 1** quia *Φ* **4** digredi *L* **36 11** postulaueris *Φ* **38 14** audisset *L* afferet *L* **15** controuersia inueniret *L* **17** siquis uos *Φ* **40 15** annum uertente *L*[1] *Ottob.*[1] **41 4** anno *Φ* **44 2** ac *Φ* **45 18** a te *Φ* (*cf. Verr. II 1.111*) **22** quintium *Φ* **23** confiteatur *L* **46 12** nascuntur *Φ* **47 2** in hercule *Φ* **48 8** continuoque *Φ* **21** atque *Φ* **49 13** mortis *Φ* **51 10** ciues *Φ* **16** incommodum *L* (*corr. L*[2]*?*) **52 18** suspitione *Φ* **54 16** ei *X*, enim *Y* **55 9** ista desiderent *Φ* **13** fratrem *Φ* **56 11** et

Φ 57 15 de *pro* die *L* 59 6 causa *pro* gratia *Φ* 8 atque *Φ* 60 21 ista ratione *Φ* 9 praeter *Φ* 61 15 ubi *pro* ui *Φ* 62 1 comitium *Φ* 6 acquireret *Φ* 69 4 erat *Φ* 70 18 imperabat *Φ* 71 7 aliquis *L* reperiebantur apud quos *Φ* 12 tempore *Φ* 72 23 aderant *Φ* 75 8 latitant *Φ* 76 4 huius *Φ* 77 14 sororem cum *Φ* 78 2 quamuis *Φ* 6 haec *Φ* 79 10 ⟨in⟩ inquam *L* 15 cupiditate ... audacia *Φ* 2 [DCC milia] *lac.* *Φ* 7 intercalaribus *Φ* 8 [DCC milia] *lac.* *Φ* 81 18 postulares *Φ* 83 23 ab *L* 85 10 ius *Φ* 16 illatas *Φ* 20 quintius *Φ* 86 9 cur ⟨non⟩ *L* 87 14 ab alio *Φ* 16 et *Φ* 88 5 [DCC milia] *lac.* *Φ* 89 16 possideret *Φ* 93 7 pudore *Φ* 95 1 deturbari *L* 8 horribilem *L* 98 6 eiectus *XY*[1]

INDEX ORTHOGRAPHICVS

Medii praesertim aeui formas nil moror quales sunt *e* pro *ae, habund-, distraendas, michi, nic(h)il, calumpn-, obmict-* pro *omitt-, aut-* pro *auct-, licter-, capud, santimon-, -ti-* pro *-ci-* et inuicem, *excercit-, subscid-, substin-, locuplex, nephar-, opportet, opugn-, proprior, post tridie, dificit.*

Quod ad uerborum diuisionem attinet, praeter ea quae de codice Ω in praefatione disserui, p. XXXII, moneo in codicibus nihil interesse inter *antequam* et *ante quam* et cetera huiusmodi si *ante* in unius uersus fine ponatur, *quam* in principio sequentis; ne in uno quidem uersu semper posse discerni utrum continue an diuisim scripta sint; nullam fere in antiquis codicibus diuisionem fuisse. Frustra igitur in hoc indice eiusmodi uariantias quaeres. Continue scripsi *etenim, mehercule, nescioquis, numquid, quare, quidni, quiuis, utrumlibet, tametsi, tamenetsi, tantummodo*; diuisim *dum modo, quo modo, quem ad modum, eius modi huius modi istius modi, quo minus, quod si, si quis ne quis, non nihil non nemo, ante quam post quam postea quam, quam diu, uerum tamen, pater familias, contra dicere, satis dare, usu uenire.* Vide etiam infra sub uocibus *animaduerto, tantopere.*

Sine nota afferuntur codicis Ω lectiones. Numerus inclinatis litteris in parenthesi scriptus quotiens quidque inueniatur indicat, ceteri capitula. Stellae ad apparatum remittunt.

ac/atque *ante uocalem semper* atque (*37*) *nisi quod* 28 ac H^1 93 at *E; ante cons. saepius* ac (*22*), atque 5* 15 (*numerosius?*) 18 26 (*numerosius*) 26* 54 98 (*numerosius*), 59 (*altero loco*) *XY*

ad- *assimilatur ante* c (*26*) t (*12*), *in* affero (*3, sed in* 68 *desunt CEH*) appello (*19*) astipul-; *uariatur in* affic-/affec- (*3*) afflictus (*3; ubique* affl- *Ω*, 93 adfl- *P*) affuit (*2; ueri simile est medii aeui librarios saepe* adfuit *scripsisse ne* affuit *pro* afuit *caperetur*) affin- (*7*) annuo appeto arrogo (*3*) assequor assunt (*3*) astringo, *et ita quidem ut assimiletur in H praeter* 5 75 adsunt, *in Y praeter* 18 adnuisset 31 adsequi 34 adrogabo, *in X praeter* 18 adnuisset 34 adrogabo 60 adfuit, *in L praeter* 31 adsequi 48 54 adfin- 56 (*altero loco*) adrogas, *minus saepe in CDE; notanda* 18 adnuisset *C*[1] ann- *C*[2] 56 (*priore loco*) adrogas *C*[1] arr- *C*[2]*; non inuenitur ante* g*;* 34* *confunditur cum* ab-

adolescen- *sic* 12 *nisi quod* adul- *H*

aequus *uide sub* -uu-

animaduerto *sic* 35

apud *sic ubique nisi quod* aput te 3 *F*[1]*G* 5 *G*

circum-/circun- *uide sub* -md-/-nd-

-cl-/-cul- *uide sub* hercule, periculum

con- *saepe* ɔ *uel* cō- (*nota* 89 cūplures *CL*), *sed plene scriptum ubique assimilatur ante* l m p*; non inuenitur ante* b; 25 conrogat *DHXY,* co- *L, per compendium E*

cotid- *ubique* (*7*) co- *CE* quo- *XY; in HL saepius* quo- (*5*) *quam* co- (*2*)

cu-/quo- *non inuenitur* quo- *nisi in P, ubi* 68 quom Alfeno *et* qui quom *pro* quicum, 92 quotuis *pro* quoiuis (cuiuis *Ω*); *fortasse* 30* quoniam eius *ex* quoius, 8* quem *ex* quom *ortum est;* 69 si quod *P* sicut *Ω; uide etiam sub* cotid- locu- reliquus secu-

defatigo *sic* 42

deic- *sic* ubique (*4*)

depre(he)ndo *uide sub* pre(he)ndo

diis *sic* 83 *nisi quod* dis *L*

dupundius *sic* 53 (*corrigendus igitur T.L.L. 2285.18*)

-ei/-i- *non inuenitur antiqua forma* -ei- *nisi forte* 99* ferat *ex* feiat *ortum est*

ei(s)(dem) *uide sub* hi(s)

-end-/-und- 51 experiundi *in formula* (-end- *H*), *alibi* -end-

-ens-/-es- 3 aliquotiens 62 quotiens 99 sexagesimo

-es/-is *in accusatiuo ubique* -es *nisi quod* 8 partis *et* 80 Alpis *LXY;* 88 omnisque *EHL pro nominatiuo* omnesque *ex compendio* om̄sque *ortum uidetur*

est *nusquam* -st, *sed notandum* 50*

existim- *sic ubique* (*16*) *nisi quod* 11 16 ext- *H* 47 extimo *CE;* 36* existim- *CEL* extim- *HXY,* 82* extim- *CEHXY* estim- *L*

quam in 61 66 79 intellegetis, intelleg- *sed* neglig- *E praeterquam in* 75 75 90

locu-/-quu- 53 -cu- *CHL* -quu- *EXY*

mauult *uide sub* -uu-

-md-/-nd- *nusquam* -md- *nisi forte* m *potius quam* n *in compendio latet*

milia *sic* (*5*) *nisi quod* 79 (*2*) 88 DCC milia *om. in lac. XY*

mortuus *uide sub* -uu-

-mpt-/-nt- 51 pedetempt- *CEL* -tent- *HXY*

-mq-/-nq- *inueniuntur* numquam (*5*) umquam (*4*) utrumque (*2*) quemquam (*2*); *promisce* -mq- *uel* -nq- *uel* m/n *per compendium*

nec/neque *ante uocalem 16, ante cons. 32; si* nȝ *pro* neque *accipiendum est* nec *paene ignorant codices, si pro* nec *inter se saepe dissentiunt;* nec *non nisi* 2 nec hoc *FG* 13 18 nec mirum *omnes* 15 nec ita *omnes* 32 nec mirum *H* 34 nec illud *XY* 48 nec cuiquam *E* 71 nec magistratus *C;* nȝ *plerumque C, saepe DE, bis H* (44 nȝ C. 87 nȝ ab); *ipse ante uoc.* neque *scripsi nisi in* 15, *ante cons.* nec *ubi hoc uel* nȝ *habent CE uel DE, uix recte* (*cur enim bis* nec mirum, *semel* neque mirum*?*)*; cf. Hand IV 91–141, quem tamen saepe deceperunt editiones et ipsius nimia subtilitas*

neglig- *uide sub* -leg-/-lig-

nequicquam *sic* 79

nihil *nusquam* nil *nisi quod saepe* nł *L; numerosius* nil *aliquot locis, uelut* 19 41

nouus *uide sub* -uu-

ob- *assimilatur ante* p; optin- *ubique CE,* obtin- *Y, in L saepius* optin- (*6*) *quam* obtin- (*1*), *in HX saepius* obtin- (*5*) *quam* optin- (*2*); *alibi* obt- *et ubique* obs-; 68* off- *CEH; non inuenitur ante* cg

-ore/-ori *ubique* -ore *praeter* 4 meliori *omnes* (-ore L^{1}) 20 difficiliori *XY* 32 priori *H; notandum numerosiorem esse formam traditam* -ore *in* 44 98, *formam non traditam* -ori *in* 32 33 43 71 95

paruulus *uide sub* -uu-

paulum/-o *sic Ω* (*3*) *et* 53 *P* (paululum *Ω*)

periculum *sic ubique*

pet-/peti-/petiu- *uide sub* -i-

praetor (*27*) *saepius plene scriptum, compendiose aliquotiens in omnibus, ut* 25 .p.R. DEH^1 .$\overline{\text{PR}}$. LH^2 .pr. *XY, aliquotiens in singulis;* 30*, 65*
pre(he)ndo 27 prenderat, 97 prehendit, 61 deprehendis *EHLY* -pren- *C* -fen- *X*
pridie 57 *plene scriptum omnes,* 79 pr. *omnes*
propinquus *uide sub* -uu-
quaes-/quaesi-/quaesiu- *uide sub* -i-
quidque *sic* 13 *CEXY* quicque *HL*
quicquam *sic* (*3*) *nisi quod* 70 quidquam *E*
quippiam *sic* (*2*) *nisi quod* 15 quipiam *C* 19 quispiam CH^1 *uel* CH^2
quotidie *uide sub* cotid-
reliquiae *sic* 50
reliquus *sic* 83 87 98, *sed ubique reponendum uidetur* relicu-, *quod in peroratione paeana efficit anapaesto longe numerosiorem; uide etiam sub* -uu-
reper- *sic praes. et imperf.* (*5*) *nisi quod* 10 repperiri *X* 56 repperiebare *XY* 63 repperio *XY* 71 repperieba(n)tur *X; non inuenitur perf.*
retul- *sic* 47 53
secu-/-quu- 61 consecuta *LX* -quu- *Y* (conseruata Δ)
sed *nusquam* set, *quod per* sʒ *significari non credo*
seu/siue *ante cons.* seu (*4*), *nusquam ante uoc.*
sub- 31 submoueri *DEHXY* sum- *L; non inuenitur ante* c f g p r
suus *uide sub* -uu-
tantopere *sic* Ω 2 69, *sed* 69 tanto opere *P, quem utrobique secutus sum*
tribunus (*7*) *plene scriptum praeter* 63 trib. *X* 65 tr. *omnes* (*sequitur* pl.)
tuus *uide sub* -uu-
uehemen- *sic* (*2*)
-uu-/-uo- *inueniuntur* aequus (*6*) constituuntur iniquum mauult mortuus nouum paruula propinquus (*8*) reliquus (*3*) seruulum suus (*7*) tuus (*6*) uulgaria uulneribus uult (*4*) uultum, *omnia per* -uu- *scripta*
-xet *pro* -xisset *uel sim.* 43* 52*

INDEX NOMINVM

De his omnibus consuli potest D. R. Shackleton Bailey, *Onomasticon to Cicero's speeches* (Stuttg. 1991[2]). In parenthesi adduntur appellationes aliunde notae; stellae ad apparatum remittunt.

www.ingramcontent.com/pod-product-compliance
Lightning Source LLC
Chambersburg PA
CBHW070546310726
48982CB00004B/848

* 9 7 8 3 5 9 8 7 1 1 7 5 6 *